Contre la détestation de l'Homme par l'Homme

Véronique Bourgninaud

Contre la détestation de l'Homme par l'Homme

Plaidoyer pour la personne humaine

ARTÈGE

Éditions Artège
9 espace Méditerranée – 66000 Perpignan
10 rue Mercœur – 75011 Paris

www.editionsartege.fr

ISBN : 979-10-336-1399-2
EAN Epub : 9791033614487

Introduction

L'homme du XXIe siècle est désespéré. Croyantes ou non croyantes, rares sont les personnes qui semblent échapper à ce dégoût de l'homme pour lui-même qui ronge nos sociétés contemporaines. Nous ne savons plus comment « aimer notre prochain comme nous-mêmes », comme si le désespoir nous faisait nous détester nous-mêmes – et donc notre prochain avec nous. Les jeunes générations, désabusées par les limites et les erreurs de leurs aînés, sont même tentées par l'idée d'en finir avec l'humanité. La pensée suicidaire semble elle-même dépassée : se répand une solution plus efficace encore, qui serait la suprême forme de courage et de responsabilité de l'homme, celle d'arrêter de se reproduire tant que nous ne serons pas capables d'offrir un monde meilleur à nos enfants. Le principe originel de vie, l'instant primitif et pur par excellence chanté par des générations de poètes, de sculpteurs, de peintres et d'artistes, est prié de s'arrêter. Adieu Victor Hugo : non, le cercle de famille ne doit plus applaudir à grands cris quand l'enfant paraît. Son doux regard qui brille ne fera plus briller les yeux et les plus tristes fronts, les plus souillés peut-être, ne se dérideront plus à voir l'enfant paraître, innocent et joyeux.

Quel désespoir insondable, ou quel gigantesque mensonge a bien pu être imprimé dans le cœur de l'homme pour qu'une telle pensée se répande chez les jeunes avec la puissance de l'argument d'autorité ? Arrêter d'avoir des enfants ? « Preuve ultime de l'intelligence des êtres humains » disent certains ; « pour préserver la planète » disent d'autres ; par féminisme enfin, contre ce qui est appréhendé comme « une pression ramenant constamment la femme au statut de mère ». Entre acte écologique responsable, idéologie ou angoisse de l'avenir, le choix de ne pas procréer recouvre des considérations diverses et s'est structuré ces dernières années, prenant toujours plus de force et d'influence.

Le mouvement des « *childfree* » (sans enfant par choix) qui rassemble les personnes qui choisissent de ne pas avoir d'enfants, est né aux États-Unis dans les années soixante-dix, d'où il a débordé les frontières pour gagner principalement les pays développés. Aux États-Unis, les *childfree* qui militent par écologisme ont aujourd'hui un nouveau nom : les « Ginks », pour « Green Inclination, No Kids » (« engagement vert, pas d'enfant »). « Ce monde sera meilleur s'il est moins peuplé », estiment-ils. « Si nous voulons sauver cette planète, nous n'avons pas d'autre choix que d'aborder le problème de la surpopulation humaine[1] », assume Leilani Münter, ex-pilote de course automobile américaine, dont les vidéos sont largement partagées sur les réseaux sociaux. Plus proche de nous, le spanionaute Thomas Pesquet est une personnalité phare du mouvement *childfree* en France. Très active également, l'ONG britannique Population Matters s'est spécialisée dans la promotion d'une vie sans enfant ou avec moins d'enfants. Le collectif VHEMT (*Voluntary Human Extinction Movement*) et sa version francophone – le

1. Citée par Léa Iribarnegaray, « Ces jeunes qui refusent d'avoir des enfants, entre acte écologique et angoisse de l'avenir », in *Le Monde*, consulté en ligne https://www.lemonde.fr/campus/article/2020/09/02/ces-jeunes-qui-refusent-d-avoir-des-enfants-entre-acte-ecologique-et-angoisse-de-l-avenir_6050720_4401467.html

Mouvement pour l'extinction volontaire de l'humanité – sont plus virulents. Pour eux, la disparition de l'Homo sapiens est un horizon plein d'espoir, eu égard à l'extinction de millions d'espèces de plantes et d'animaux.

Tous ne sont certes pas dénatalistes et le mouvement est protéiforme. Évidemment aussi, l'austérité économique de ce début de siècle, la paupérisation des populations – de la jeunesse en particulier –, l'individualisme révolutionnaire véhiculé par le mouvement *woke* qui convoque le passé pour exiger des réparations, ne sont pas étrangers à ce discours de plus en plus relayé dans les médias et chez une partie de la jeunesse. Une étude française[2] réalisée en 2017 observe les motivations des *childfree*. Dans l'opinion générale, celles-ci seraient essentiellement d'ordre individuel : absence d'instinct paternel ou maternel ; absence d'intérêt pour les tâches propres à la vie de parent ; sentiment d'incapacité d'être un parent responsable ; refus de sacrifier son temps pour des enfants ; refus d'engager les dépenses liées au fait d'avoir des enfants. Pour les concernés cependant, leurs motivations recouvrent des motifs divers, allant du féminisme (les femmes seraient formatées dès l'enfance à un rôle de mère, la maternité serait un frein dans la vie d'une femme, comparé à l'impact qu'un enfant peut avoir sur la vie d'un homme) à une volonté de respect de l'enfant ; beaucoup sont convaincus que le fait de créer une nouvelle vie est avant tout un acte égoïste et ne veulent être ni auteurs ni complices des problèmes liés à l'enfance ; d'autres pensent que l'adulte ne peut s'arroger le droit de faire naître un humain qui devra assumer les fautes supposées des générations précédentes pas plus qu'il ne peut imposer à quiconque une existence

2. Zoë Dubus et Yvonne Knibiehler, « La non-parentalité au xxie siècle : étude des *childfree* », *Sextant* (revue du Groupe interdisciplinaire d'études sur les femmes), n° 36, 30 janvier 2020, p. 191.

a priori moins heureuse dans un avenir devenu incertain ou même imposer à un tiers la vie et tout ce qu'elle représente (bonnes et mauvaises choses, mais aussi sa finalité : la mort). Ce qui prévaut dans ce raisonnement est l'idée que personne n'a demandé à naître, et le questionnement suivant : qu'est-ce qui autorise finalement un être humain à en créer un autre ? D'autres personnes invoquent le respect dû à la société, c'est-à-dire la volonté de ne pas faire peser une charge supplémentaire sur la collectivité et les dépenses publiques, ou encore le respect de la planète. Enfin, certains invoquent des motivations humanistes, comme celle de contribuer à l'humanité autrement qu'en créant une vie qui n'a rien demandé, mais en s'occupant des vies déjà présentes dans le besoin.

Ainsi l'idée selon laquelle ne pas mettre au monde d'enfant est un service à rendre à la planète, s'érige aujourd'hui en conviction. Ce qui est nouveau, c'est que ces comportements individuels se sont peu à peu constitués en cause. Ils ont rejoint le mouvement général des revendications individuelles où toute différence est bonne à défendre et est érigée en nouveau droit.

Plus fondamentalement, que ce soit par peur de l'avenir, par néo-malthusianisme, par égoïsme ou par militantisme écologique, ce questionnement nouveau procède d'une erreur fondamentale ou d'une méconnaissance anthropologique qui considère que l'homme serait en lui-même un danger, un mal ou une erreur. Le principe immuable de l'anthropologie réaliste qui reconnaît l'existence d'une nature humaine transcendante au reste du vivant et commune à tous les hommes indépendamment des représentations et des expériences que ceux-ci en font, est remis en cause. Dans cette vision de la personne humaine fondée sur la morale naturelle, sans nier la valeur de la liberté, on définit l'homme d'abord par ce qu'il est et non pas seulement par ce qu'il fait : non seulement tout homme a en puissance la faculté de discerner ce qui convient à sa nature raisonnable et ce qui lui est contraire, mais encore possède-t-il la faculté de poser librement des actes volontaires ordonnés au bien vers lequel sa raison est orientée. Cette vision de la personne humaine est attaquée frontalement aujourd'hui à un degré qu'on n'avait encore jamais connu par le passé : notre époque se caractérise en effet par un antihumanisme, un mouvement d'« autodénigrement de l'homme occidental [...] réputé la lie de la création, seul être capable de carnages et de génocides[3] ». Cette vision caractéristique d'une sorte de haine de l'homme n'est pas sans conséquences : « À force de dire que les humains ne valent pas mieux que les animaux, n'est-on pas tenté de traiter certains humains comme des animaux ? »

Nous pensons que cette haine de l'homme due à l'homme est, dans une vision eschatologique de la fin des temps, la dernière grande attaque contre la création. Quel plus grand mensonge pourrait-on en effet glisser dans le cœur de l'homme, que celui de lui faire croire qu'il est par lui-même et en lui-même un mal originel ?

C'est à ce motif fondamental du désespoir des hommes que nous aimerions répondre dans ce livre. Nous ne pouvons pas nous taire quand des hommes, des femmes, des jeunes et des enfants sont tourmentés par l'abattement, la souffrance, la solitude. Nous savons que certaines personnes sont éprouvées par des souffrances d'une ampleur indescriptible. Nous ne pouvons qu'imparfaitement concevoir l'abîme insondable d'incompréhension et de révolte dans lequel ces personnes peuvent être plongées.

---

3. Laurent Dandrieu in *Valeurs Actuelles*, « L'antispécisme, nouvel antihumanisme », 30 novembre 2019. Consulté en ligne https://www.valeursactuelles.com/clubvaleurs/societe/lantispecisme-nouvel-antihumanisme-2/

Mais nous croyons d'expérience que le désespoir abyssal et le découragement sont voués à être relevés et consolés par une grâce toute surnaturelle, c'est-à-dire un don intérieur gratuit qui ne relève pas de notre propre nature et qui restaure fermement et durablement celle-ci. Les témoignages abondent pour attester ce mystère de la consolation. Quelle impénétrable force a bien pu vaincre le mal d'Auschwitz chez une Edith Stein ou un Maximilien Kolbe ? Quel est le mystérieux remède qui a restauré Tim Guénard dans la paix intérieure ? Quel est le secret de Laurent Gay, Steven Gunnell, Paul Chrétien, Baptiste Mulliez et tant d'autres ? Ils sont proches de nous, vivent en France et sont nos contemporains. Ils ont connu la plongée aux enfers du mal et de la souffrance et ils ont été mystérieusement relevés. Tous témoignent d'une même force extrinsèque à leur propre nature qui est venue les chercher et qui les a sauvés.

Nous aimerions d'abord rappeler avec force, en reprenant les mots de Benoît XVI[4], qu'il n'y a pas deux principes, un bon et un mauvais, mais un seul principe, le Dieu créateur, et ce principe est bon, seulement bon, sans ombre de mal. C'est pourquoi l'être humain non plus n'est pas un mélange de bien et de mal : l'être comme tel est bon, et donc il est bon d'être. Telle est l'heureuse annonce de la foi : il est bon de vivre, car il n'y a qu'une source bonne à la vie, le Dieu créateur.

Cependant, le mal est présent dans l'histoire humaine, c'est une réalité incontestable. La question est : comment ce mal s'explique-t-il ? Nous essayerons de comprendre comment le mal, qui n'est pas originel mais toujours subordonné, vient d'une liberté dont on a abusé. Nous

4. Benoît XVI, Audience générale du 03.12.2008 (trad. © Copyright 2008 - Libreria Editrice Vaticana).

tenterons de montrer, à travers les exemples du transhumanisme, de l'antispécisme et des études de genre que cette liberté est aujourd'hui abusée à un niveau sans commune mesure, et que cela est caractéristique d'un mal qui déteste tant l'homme libre créé à l'image de Dieu qu'il cherche à le dénaturer totalement.

Enfin, nous nous appliquerons, dans un exercice de contemplation de la nature humaine à la lumière de la Révélation, à comprendre comment le mal peut être surmonté et pourquoi la créature – l'homme – est guérie de fait. Nous verrons notamment, en contemplant le mystère de l'Incarnation, comment les limites du corps sont le lieu privilégié pour un déploiement de la pleine restauration de l'homme.

On semble avoir oublié aujourd'hui ce que la philosophie et particulièrement l'anthropologie doivent à la théologie. Dans ces pages, on ne cherchera pas ce qu'est la personne humaine de façon close et autonome. À l'école de saint Thomas d'Aquin, nous verrons comment la compréhension de la personne humaine est illuminée par la Révélation. Nous chercherons à comprendre la personne humaine à partir du donné révélé lui-même ; ainsi, en déployant le contenu de la création, en contemplant sa cohérence, nous verrons que ce que la philosophie nous dit de l'Homme éclaire la foi, que les vérités s'articulent et que l'humble acceptation de la personne humaine est compatible avec l'acte de foi. Celui-ci n'est pas un acte aveugle. On croit parce qu'on a de bonnes raisons de croire et la personne humaine est une bonne raison de croire en Dieu.

1

La détestation de notre humanité

Le fait du mal dans l'histoire humaine est indéniable. En observant le monde, il est difficile de soutenir que la loi naturelle qui assure en l'homme l'orientation première de ses actes vers sa fin, qui guide ses inclinations et le dispose à la recherche du bien, est vécue de façon identique et uniforme. On saisit aussi très facilement la diversité dans les attitudes morales selon les pays, les cultures, les temps. On conçoit enfin la réalité du mal dans le monde, à la fois le mal de faute, causé par les actions des hommes, et le mal de peine (les maux du monde) : maladie, souffrance, accidents, famine, etc.

Dieu a pris le risque de la survenue du mal en créant l'homme libre. Aurait-il mieux valu, pour l'éviter, que Dieu ne crée pas les anges avec la possibilité de transgresser sa loi ? Aurait-il dû ne pas créer non plus les hommes, puisqu'ils allaient devenir si vite ingrats envers lui ? C'était bien le risque attaché à leur nature raisonnable, capable d'examiner et de juger. Aurait-il dû les faire à la ressemblance des êtres sans raison et sans principe de vie propre[1] ?

---

1. Irénée de Lyon. *Contre les hérésies.* Livre IV. Édition critique d'après les versions arménienne et latine, sous la direction de A. Rousseau, avec la collaboration de Bertrand Hemmerdinger, Louis Doutreleau et Charles Mercier, Coll. « Sources chrétiennes » n°100, Paris, éd. du Cerf, 1965, p. 919.

Tel n'a pas été le dessein de Dieu, qui veut se communiquer à ses créatures et les faire participer à ses attributs. Dieu a donc fait l'homme libre pour qu'il puisse répondre à ses appels de façon volontaire et sans contrainte. La violence, en effet, n'existe pas chez Dieu, mais sans cesse il nous invite au bien. Il a mis en l'homme le pouvoir de choisir, comme il l'avait fait pour les anges. Et ce n'est pas seulement dans le champ de son activité, mais c'est aussi dans le domaine de la foi que le Seigneur a sauvegardé la liberté de l'homme. La foi appartient en propre à l'homme puisqu'elle relève de sa décision personnelle : « Tout est possible à celui qui croit » (Mc 9,23) nous dit le Seigneur, et ailleurs : « Va, qu'il te soit fait comme tu as cru » (Mt 8,13). Tous ces textes montrent que l'homme oriente lui-même sa destinée selon qu'il choisit de croire ou non.

Sécularisation et oubli de notre finalité propre

Alors, d'où vient que la question du mal semble se poser aujourd'hui d'une façon plus aiguë qu'à d'autres époques moins troublées que la nôtre ? Cela vient de ce que les hommes se sont séparés de Dieu et ont essayé d'organiser leur vie sans lui dans tous ses aspects : social, politique, économique, intime. Les grands problèmes qui ont toujours préoccupé l'humanité prennent par conséquent un aspect nouveau, plus grave et plus tragique. Les biens fondamentaux (la vie, la connaissance, la vérité) semblent ne plus avoir d'attrait pour les hommes. Le bien suprême, leur communion avec Dieu, n'a plus aucune réalité à leurs yeux. Seuls semblent demeurer les biens intermédiaires : le plaisir, le jeu, le bien-être, la réussite matérielle ou intellectuelle par exemple. Mais le bien en tant que bien semble ne plus éveiller le moindre désir en l'homme, ni même parvenir à sa conscience, comme si notre temps indifférent aux questions morales l'avait abandonné par refus de la transcendance. Désormais coupés de leur unique source, les biens terrestres seraient à acquérir sans avoir à en chercher la source ni à connaître leur auteur. « Vouloir se passer de Dieu, cause première et fin dernière, conduit aux abîmes[2] », nous dit le P. Garrigou-Lagrange.

L'homme méconnaît les suites du péché originel, en même temps qu'il est imprégné du message qui a jailli avec force des Lumières selon lequel l'homme naîtrait bon par nature. Si cette confiance humaniste est fragilisée aujourd'hui, au point que certains qualifient notre époque d'antihumaniste, il n'en demeure pas moins que l'homme ne veut plus être bon par *volonté*: pour parvenir à son auto-accomplissement, il croit pouvoir se fier à ses seuls sens et instincts. Ainsi compris, le bien de l'homme n'est plus un bien en tant que bien, il est réduit au *bien-être*, qui semble la nouvelle finalité donnée aux hommes en substitution de celle de l'accomplissement de la personne en Dieu. Il n'est d'ailleurs pas anodin que les nouveaux mantras dc la psychologie existentielle se résument dans le terme d'*auto-accomplissement*: l'accomplissement de la personne se réaliserait comme centré sur l'individu lui-même et non pas en dehors de lui-même. Cette vision est profondément réductrice et vouée au néant.

Dans la Genèse, la motivation de l'acte créateur se trouve à l'intérieur de Dieu lui-même. Elle est liée à son essence divine: c'est le fait *d'être* amour qui pousse Dieu à sortir hors de lui-même pour se communiquer dans ses œuvres. Pour nous qui sommes les œuvres, c'est bien le

---

2. Réginald Garrigou-Lagrange, *Les Trois âges de la vie intérieure, prélude de celle du Ciel*, Paris, éd. du Cerf, 1938, p. 5.

mouvement de retour au créateur qui provoque le plein accomplissement de la personne ; et par analogie, le mouvement d'extériorisation dans le don de nous-mêmes à notre prochain, par nos actes en vertu de notre volonté libre.

Mais non, le bien serait inné, allant de soi. L'homme qui se veut bon par nature et non par volonté, ne comprend plus que le bien le transcende et ne sait plus en jouir. « Quelle jouissance du bien pourraient avoir ceux qui l'ignorent ? Quelle gloire, ceux qui n'auraient fait aucun effort ? Quelle couronne, ceux qui n'auraient pas lutté pour l'obtenir[3] ? », pose saint Irénée.

Le drame de l'homme contemporain est qu'il agit pour une fin qu'il ignore. Saint Thomas d'Aquin nous dit que « l'homme à qui il appartient d'agir pour une fin, n'agit jamais pour une fin qu'il ignore. Mais il y a beaucoup d'êtres qui ne connaissent pas de fin, soit qu'ils manquent tout à fait de connaissance, comme les créatures insensibles, soit que l'idée de la fin leur échappe, comme c'est le cas des bêtes[4] ».

L'idée de la fin échappe à l'homme et cela le déshumanise. Aujourd'hui, il y a une ignorance généralisée de ce qu'est la finalité de la vie humaine, du bien en tant que bien. Par conséquent, les grands problèmes s'aggravent jusqu'à l'exaspération. Pourquoi ? Parce qu'agir sans connaître la fin déshumanise l'activité humaine. Saint Thomas explique *a contrario* qu'agir en vue d'une fin que l'on connaît et que l'on désire est une œuvre proprement humaine, une œuvre de raison. Agir en vue d'une fin connue et reconnue comme bonne n'appartient qu'aux hommes. La recherche du bien est en effet l'objet propre de la volonté humaine qui est naturellement

---

3. Irénée de Lyon, *op. cit.*, p. 919.

4. Saint Thomas d'Aquin, *Somme Théologique,* Ia-IIae, q. 1, art. 2.

attirée vers lui. L'homme ne cherche jamais le mal pour lui-même. Il fait le mal généralement parce que celui-ci a l'apparence d'un bien. L'attirance pour le bien est une disposition fondamentale de son cœur. On nomme cette attirance « loi naturelle ». La loi naturelle n'est pas un instinct. Elle n'est pas comme un ensemble de principes innés auxquels l'homme n'aurait qu'à se référer pour agir selon son but. Elle vient de la raison, est expression de la raison car la raison naturelle est orientée vers ce qu'elle connaît par nature[5].

Cette loi non écrite et intangible est inscrite au cœur de l'homme et résonne en lui, c'est elle qui fait répondre Antigone à Créon : « Je ne croyais pas, certes, que tes édits eussent tant de pouvoir qu'ils permissent à un mortel de violer les lois divines : lois non écrites, celles-là, mais intangibles. Ce n'est pas d'aujourd'hui ni d'hier, c'est depuis l'origine qu'elles sont en vigueur, et personne ne les a vues naître. Leur désobéir, n'était-ce point, par un lâche respect pour l'autorité d'un homme, encourir la rigueur des dieux[6] ? »

Si l'homme est d'abord *attiré* par le bien, il lui faut cependant faire un *effort* pour bien agir. Cet effort est mû par l'intelligence et la volonté : l'intelligence donne à l'homme de connaître le bien et la volonté meut son action vers le bien saisi par son intelligence. Cette volonté humaine possède la caractéristique singulière d'être libre : elle peut se refuser ou non au bien. La liberté n'est donc

5. « En nous, toute opération de la raison et de la volonté est dérivée de ce qui existe selon la nature. En effet, tout raisonnement découle de principes qui sont connus naturellement, et tous les désirs qui portent sur ce qui dirige vers la fin à rejoindre ont leur origine dans les désirs naturels de rejoindre cette fin. C'est pourquoi l'orientation première de nos actes vers leur fin doit être assurée par la loi naturelle », Saint Thomas d'Aquin, *op. cit.*, I-II, q.91, ad secundum.

6. Sophocle, *Antigone*, Paris, Les Belles Lettres, 1964, v. 79.

pas la faculté première de l'homme. Elle est un attribut de la volonté. C'est bien cette dernière qui donne à l'homme d'agir en vue de son bien.

La volonté est une faculté très supérieure aux sens. Elle est, avec l'intelligence, un attribut de la vie intellective et rationnelle de l'homme. Elle a pour objet le bien dans toute son universalité, ce qui lui permet de s'élever vers le Souverain Bien : l'amour de Dieu. Tandis que chacune des facultés sensitives de l'homme se porte vers son bien propre (par exemple la vue, vers ce qui est visible, l'intelligence vers ce qui est intelligible, etc.), la volonté, elle, se porte vers le bien de l'homme *tout entier* : elle permet l'accomplissement de toutes les autres facultés. C'est elle qui ordonne l'application des autres facultés au bon exercice de leurs actes. Ainsi, si la volonté est foncièrement droite, alors l'homme est bon. Pas seulement bon mathématicien ou bon cuisinier, mais il est un homme de bien. Il semble s'accomplir, devenir pleinement humain. C'est l'homme de « bonne volonté » dont parle l'Évangile.

Malheureusement, l'homme moderne pense que le bien est relatif, qu'il n'existe *a priori* pas de bien en tant que bien. Il croit aussi que le seul élément décisif auquel il peut se fier est le degré de la liberté engagée dans son action. Ainsi, la finalité de l'acte humain est-elle devenue relative en même temps que la liberté est sacralisée au détriment de la volonté. Le schéma de la connaissance de soi est inversé ! Cela entraîne un grand désordre dans les actes humains. Car si la liberté est instituée comme cause première des actions des hommes, cela conduit à une rupture entre la volonté humaine et son objet qui est la recherche du bien. Le risque d'un mauvais usage de la liberté est gigantesque. Cela s'illustre dans les graves dérives que nous connaissons aujourd'hui dans tous les sujets qui touchent de près ou de loin à la dignité de la vie. Ainsi pourra-t-on dire qu'un ivrogne ou un meurtrier perd sa dignité en actes: il use mal de sa liberté, qu'il rend première par rapport à ce qui est bon pour lui. Mais on peut le dire aussi de certaines décisions prises par le législateur dans les lois qui s'opposent au respect de la vie: euthanasie et avortement, par exemple. L'interdiction de tuer demeurera toujours universelle, car elle garantit le respect de la vie, qui est un bien fondamental et qui met chaque individu sur un pied d'égalité. Faire prévaloir la liberté individuelle par rapport à ce bien qu'est la vie humaine conduit à de graves désordres et rend la société dangereusement instable.

Le mal du siècle est d'avoir coupé la volonté de son objet, le bien. C'est aussi d'avoir trompé l'intelligence et égaré la connaissance en dénaturant ce bien en le remplaçant par la liberté. Par cette double tromperie, la liberté est abusée et l'homme est littéralement coupé de sa source et sa finalité. La misère physique et intérieure s'explique en grande partie par cette ignorance du bien, et plus fondamentalement du Bien suprême qui est Dieu. Certes, on finira bien par s'apercevoir qu'il faut nécessairement reposer la question du bien, *et surtout reposer la question de Dieu* pour se prononcer tout à fait pour lui ou contre lui. Mais en attendant, l'ignorance est pire que le néant pour l'homme. Elle le plonge dans un désarroi sans fond parce qu'on l'a coupé de sa source et de sa destinée. Comme un ballon de baudruche ouvert que l'on cesse de gonfler: il erre et il se vide. La question des rapports intimes de l'homme avec Dieu est donc centrale dans la question de l'autodénigrement de l'homme contemporain.

Le grand mensonge du libéralisme

L'homme semble convaincu qu'il est à bien des égards par lui-même et en lui-même un mal originel. Nous avons tenté d'expliquer qu'à l'origine de ce désespoir, se trouvent à la fois une erreur collective (celle d'avoir remplacé le bien par la liberté comme source et finalité des actes humains) et une méconnaissance anthropologique généralisée due à la sécularisation massive de la société et à la perte de la dimension transcendante de la vie. Ces deux maux ont une large part de responsabilité dans la perte de confiance et d'espérance des hommes dans la qualité de leur humanité. Quand l'erreur mensongère rencontre l'ignorance, les dégâts sont terribles pour l'homme.

Cette mésestime se révèle dans de multiples facettes de la vie en société : la perte du symbolique, la banalisation de la mort, l'abolition des signes extérieurs de différenciation entre les sexes et les cultures, la simplification des rites de passage entre les âges et les générations, l'individualisme, etc. Une manière de sonder l'humanité d'une société est en effet de considérer le soin et le respect qu'elle apporte à son tissu social : ses morts, les plus démunis (vieillards, malades, pauvres et handicapés), ses enfants, etc. À bien des égards, notre époque ne respecte plus ces antiques impératifs de respect. L'homme est déshumanisé, réduit à l'état d'objet.

Dans ce désaveu de la valeur de la nature humaine, une rupture anthropologique initiale a été engendrée par le libéralisme. L'idée maîtresse du libéralisme qui irrigue toute la modernité consiste à affirmer que l'homme est seul légitime et capable de définir sa propre finalité et de choisir les moyens adéquats pour y parvenir.

Le terme de libéralisme, apparu dans la langue française au début du XIXe siècle, est une des notions clés du XXe siècle. On l'appréhende généralement sous sa forme économique et politique alors que la perspective libérale est beaucoup plus vaste que cela. Elle a des racines philosophiques anciennes et profondes qui se sont structurées au XVIIIe siècle en Europe. À la fin du XVIIIe siècle, l'Allemand Wilhelm von Humboldt la résume ainsi : « L'idéal le plus élevé de la coexistence des êtres humains serait celui où chacun se développerait par lui-même et pour lui-même[7]. » Joël Hautebert[8] explique qu'étendu au groupe, ce principe relativiste se décline de diverses manières, avec ou sans nuances, dans tous les domaines, de la religion à l'économie.

La perspective libérale prend comme point de référence suprême et ultime la liberté : est licite ce qui est librement voulu, librement accepté et qui ne lèse pas la liberté d'autrui. C'est le message jailli avec force de la Révolution française. L'article 4 de la Déclaration des droits de l'homme de 1789 illustre parfaitement ce changement de paradigme : « La liberté consiste à pouvoir faire tout ce qui ne nuit pas à autrui : ainsi, l'exercice des droits naturels de chaque homme n'a-t-il de bornes que celles qui assurent aux autres membres de la société la jouissance de ces mêmes droits. Ces bornes ne peuvent être déterminées que par la loi. » Depuis, cette matrice originelle du libéralisme a été déclinée en différents courants de pensée. Le plus proche de nous, l'existentialisme de Jean-Paul Sartre, en est la forme la plus radicale. C'est chez lui que l'on trouve l'affirmation la plus explicite de la liberté comme origine des valeurs. Cette philosophie sartrienne de l'existence eut un retentissement considérable à la Libération : l'épreuve du désastre de la Seconde Guerre mondiale rendait urgente la mise au point d'une nouvelle façon de penser l'époque, la destruction des anciennes catégories et valeurs prétendument éternelles ayant été consommée par

7. Wilhelm von Humboldt, *Essai sur les limites de l'action de l'État*, Paris, Les Belles Lettres, 2004, p. 30.

8. Joël Hautebert, « Le libéralisme ou l'abandon du bien », *La Nef*, octobre 2015.

la tragédie historique elle-même[9]. L'existentialisme athée a profondément marqué notre culture européenne depuis ce temps.

Dans l'existentialisme sartrien, on cherche à trouver la norme du bien et du mal dans la liberté elle-même, prise formellement, c'est-à-dire sans se préoccuper du contenu moral de l'acte libre. On dira donc que le sujet agit moralement bien s'il agit en conformité avec les exigences constitutives de sa liberté. Le critère de la valeur morale sera la liberté, ce qui est purement et simplement une éthique sans vérité. Toute la perspective morale est centrée sur l'autonomie du sujet.

En faisant de la liberté l'arbitre du bien et du mal et en indexant la valeur de l'acte à son degré d'autodétermination, la liberté devient la source et le contenu de la valeur morale. Ainsi légitimé, un acte humain aura d'autant plus de valeur que le sujet s'y exprime davantage, en assume plus pleinement la responsabilité : il suffirait donc d'être authentique, c'est-à-dire sincère avec soi-même, pour être dans la vérité sur le plan moral. La vérité est ainsi identifiée à la sincérité, à la conformité avec soi-même. Dans cette perspective, il n'y a plus de place pour des valeurs morales objectives qui précéderaient la liberté et que celle-ci devrait ratifier. Une action sera bonne dans la mesure où l'homme la pose librement.

Le lien entre liberté et vérité est donc rompu : c'est le sujet lui-même, dégagé de toute référence à une loi morale, qui devient la source de la vérité. Ainsi comprise, la prérogative de la liberté sera de pouvoir être totale autodétermination, cause de soi-même, donc de pouvoir à son gré se refuser à n'importe quelle valeur objective : la liberté

9. Sophie Bilemdjian, « Existentialisme », *in* Frédéric Laupies, *Dictionnaire de culture générale,* Paris, PUF, 2000, p. 277.

s'émancipe de la vérité et rien ne peut plus venir limiter le champ des possibles.

Les mots ne sont pas assez forts pour dénoncer ce mensonge qui s'attaque à la cause première de toute chose : si la liberté est érigée en cause de soi-même, alors toute vérité serait générée à partir d'elle. Le caractère radical et même outrancier de la position sartrienne tient dans la thèse selon laquelle la création des valeurs par la liberté est absolue, c'est-à-dire qu'elle n'est redevable d'aucune inspiration à la nature des choses. Au contraire, c'est elle qui décide du sens à donner aux limites de la nature ainsi appréhendées comme des contraintes.

Le libéralisme est donc nécessairement plus attentif à la forme de l'action qu'à son contenu. Ce qui est décisif n'est pas d'être objectivement dans le vrai, mais d'être formellement sincère. L'authenticité tend à devenir l'unique critère de la moralité. Aucune action ne serait bonne ou mauvaise en soi : toute action serait ambiguë sur le plan de son contenu. La moralité consisterait à se décider à l'action uniquement d'après les données complexes de chaque cas particulier et en aucune façon selon des lois générales. À chacun d'inventer sa règle morale, en fonction de sa situation particulière.

La liberté sartrienne ignore la possibilité d'un consentement serein à la nature, aux contingences du monde ou d'un accueil positif de l'autre pour lui-même. Elle est négativité pure, pouvoir absolu de dire non. Il s'agit en réalité d'une liberté en réduction : elle est liberté pour quelques-uns, ceux qui peuvent la faire valoir et l'exprimer (mais qui défendra la liberté de l'enfant à naître ou celle du moribond ?).

Il s'agit en d'autres termes d'une liberté sans responsabilité et sans finalité, et non d'une liberté pour un projet de vie et de société qui soit justifié par une finalité supérieure à la simple conservation de soi. La seule limite admissible, purement horizontale, à la liberté résulterait de la présence des autres individus. Ceux-ci en sont réduits à être soit des liens soit des contraintes. Il relèverait de la responsabilité de l'État d'en protéger les individus afin de préserver leur liberté. Le libéralisme sartrien, en déchargeant l'homme de la responsabilité, rend la société dangereusement individualiste et irresponsable.

Voilà le grand mensonge du libéralisme. Avec lui, tout l'ordre naturel créé vole en éclats, à commencer par l'homme et la vie en société. Avec Joël Hautebert[10], rappelons qu'on ne peut pas concevoir les rapports entre l'individu et la société en termes d'opposition, car la vie sociale relève de la nature de l'homme. Il est absurde d'envisager la relation avec autrui sous la forme d'une limitation, d'une contrainte, alors qu'elle s'inscrit au contraire dans la perspective du bien. Certes, la vie sociale n'exclut pas les contrariétés de toutes sortes. Mais ces dernières, à condition qu'elles ne poussent pas à faire le mal, constituent un puissant levier pour parvenir à une meilleure maîtrise de soi ainsi qu'à la pratique de la vertu et à la liberté, qui sont inséparables. La liberté humaine implique toujours une responsabilité. Il n'y a pas de liberté qui ne serve qu'à lever les obstacles à son exercice.

L'abandon du bien

Le libéralisme induit un basculement radical pour l'homme : il crée en lui une absence, un vide abyssal, celui d'une finalité supérieure à la simple conservation de soi. Le piège est grossier, mais terriblement efficace : en se drapant sous les voiles d'une bienfaisante libération, il prive

10. Joël Hautebert, *op. cit.*

au contraire les hommes de leur unique source et moteur. L'abandon du bien induit par le libéralisme est un bien cruel fardeau, tant au niveau individuel qu'au niveau de la société.

Au niveau individuel, la rupture entreprise par le libéralisme a engendré un gigantesque bouleversement de l'homme en tant qu'homme. Lui qui recherchait son plein accomplissement dans la vertu, c'est-à-dire dans l'acte bon, recherche désormais le bonheur par la garantie de sa liberté. Son but le plus grand n'est plus le bien, mais la conservation de sa liberté. Au plein épanouissement de la personne humaine réalisé dans le don de soi et l'exercice du bien, en conformité avec sa vocation surnaturelle d'être à l'image de Dieu, le libéralisme oppose l'émancipation de l'homme à l'égard de toutes les contraintes extérieures, hormis celles qui se fondent sur son propre consentement. La perspective trinitaire de l'homme, c'est-à-dire l'homme conçu comme une *personne* faite pour se donner et qui ne peut donc pas être pensée indépendamment de sa relation aux autres, de sa dimension sociale qui l'unit aux autres sans dissoudre pour autant son individualité, cette perspective trinitaire est remplacée par une perspective purement relativiste et individualiste.

Dans ce grand basculement, la cité n'est pas en reste. L'apologie de la liberté a détourné les sociétés en général et le politique en particulier de la recherche du bien commun dans la cité. L'objet du politique n'est plus le bien de tous, mais la conservation des intérêts de chacun, but utopiste qui conduit ceux qui sont dépositaires du pouvoir à régir en vue de la préservation de leurs propres intérêts. On connaît l'analyse concise de Benjamin Constant :

> Le but des Anciens était le partage du pouvoir social entre tous les citoyens d'une même patrie. C'était là

> ce qu'ils nommaient liberté. Le but des Modernes est la sécurité dans les jouissances privées ; et ils nomment liberté les garanties accordées par les institutions à ces jouissances[11].

Dès lors, l'absence de bien commun sonne le glas de la responsabilité du politique envers les hommes.

> L'absence de finalité commune supérieure à la simple conservation de soi, « le scepticisme devenu institution » (Pierre Manent), nous conduit aujourd'hui au stade de la gouvernance qui consiste à réguler la vie sociale par la négociation, attribuant ainsi la priorité absolue aux modalités décisionnelles. Puisqu'il n'y a plus que des préférences et des intérêts, il n'y a plus de bien commun à promouvoir, ni de politique d'ailleurs, remplacée par la gestion technocratique des procédures de régulation, ou éventuellement, quoique ce soit moins visible, par un idéal sécuritaire bien limité. Quant à l'engagement politique, il ne s'entend que sous la forme de revendications en faveur de l'obtention de nouveaux droits[12].

L'anesthésie de l'opinion publique et la prise de pouvoir du positivisme

De cette confusion découle une conséquence majeure au niveau de la société : il s'agit de l'adhésion massive et de bonne foi des citoyens ordinaires à des pratiques

---

11. Benjamin Constant, « De la liberté des Anciens comparée à celle des Modernes », Paris, 1819, dans *Écrits politiques*, éd. M. Gauchet, Paris, Gallimard, 1997, p. 589-619.

12. Joël Hautebert, *op. cit.*

inacceptables du point de vue de la personne humaine et du bien commun. Les mentalités de nos sociétés développées se caractérisent en effet par une forte inconscience de la finalité de la vie humaine, qui explique en partie la passivité avec laquelle la population peut accueillir des mesures contraires au bien commun et à la dignité de la personne humaine. Ainsi, d'assouplissement en assouplissement, de transgression en normalisation, l'opinion finit-elle par trouver acceptables des pratiques qu'elle aurait dénoncées dix ans ou vingt ans plus tôt : la conscience collective des hommes du XXIe siècle s'est profondément affaiblie et se trouve incapable de distinguer entre pratique acceptable et pratique inacceptable sur le plan scientifique, social, sanitaire, économique et même culturel (avec par exemple la prolifération de ce que l'on pourrait appeler le *soft-blasphème*). Le sens du bien et du mal est au moins devenu flou, au pire oublié.

Les exemples ne manquent pas pour illustrer ce propos : l'avortement, qui consiste en la suppression délibérée et volontaire d'une vie humaine, autrefois considéré comme un crime, puis toléré comme un moindre mal, admis ensuite comme un droit individuel, est aujourd'hui revendiqué comme un droit fondamental.

L'euthanasie et le suicide assisté ne sont pas en reste : de l'interdit fondateur de supprimer une vie humaine qui mettait tous les individus sur un pied d'égalité et rendait l'humanité inséparable du soin et du respect des anciens, de la « politesse » envers les morts – omniprésente dans les fondements de la culture européenne et plus largement universelle –, notre époque est passée à une indifférence collective. Avec Jean Clair, nous pouvons même dire que notre temps est coupable dans cet irrespect des disparus et des anciens : « Chez Homère, l'*àkedia*, avec son “a” privatif, est à l'origine le refus des soins dus aux morts, en particulier le fait de ne pas ensevelir les cadavres et de les laisser nus, entassés, aux portes de la cité et au regard de tous. À Rome, la *damnatio memoriae* effaçait le souvenir d'un individu mort[13] ». Le fait de laisser les morts sans sépulture, l'indifférence, l'oubli de ceux qui nous ont précédés étaient loin d'être anodins : il en résultait de grands désordres dans la cité car « ces corps ainsi négligés revenaient hanter les vivants. L'ombre du mort errait sans repos et tourmentait les acédiaques[14] ». Notre époque, qui a chassé le mot « acédie » de ses dictionnaires et qui en a oublié le sens, est cependant, dans sa propre dénégation, une époque acédiaque.

La dénaturation de la procréation et de son intimité corrélative illustre encore l'amnésie du bien qui frappe nos sociétés : comment, de la naissance de l'enfant reçue avec son cortège de joie, d'espoirs, d'inquiétudes, de fatalité aussi peut-être, de soucis plus ou moins grands, mais toujours reçue sans prétention d'en maîtriser et dominer l'origine, est-on passé à la pente glissante du droit à l'enfant, comme si l'enfant était un dû que la société se devrait de donner en satisfaction aux impératives exigences des adultes en quête d'accomplissement ?

Avec la GPA, la « débiologisation » de l'acte procréatif est l'apothéose de cette perte de repères : qui aurait pu admettre, il y a encore quelques années, que des enfants pourraient être conçus *in vitro* dans une éprouvette, puis transférés et implantés dans un corps de mère porteuse pour être ensuite abandonnés légalement à la naissance ? L'antique principe du *mater semper certa est*, selon lequel il est présumé qu'il n'existe aucune preuve contre et par la loi à l'identité de la mère de naissance, vole en éclats.

13. Jean Clair, *Lait Noir de l'Aube*, Paris, Gallimard, 2007, p. 204.
14. *Ibid.*

Ce principe ne s'applique plus, car un enfant né de GPA pourra avoir trois mères : une mère sociale d'intention (commanditaire de l'enfant), une mère génétique (apporteuse de gamète) et une mère incomplètement biologique (la mère porteuse qui conduira la grossesse sans être ni mère génétique ni mère d'intention). Aucune de ces mères ne sera complètement mère biologique, il manquera toujours la fécondation et l'épigénèse des premiers jours du développement embryonnaire avant le transfert dans l'utérus maternel de l'embryon ainsi fabriqué, qui seront faits dans une éprouvette, par un technicien de laboratoire. Pauvre enfant. Même l'élémentaire considération de son bien ne semble plus pouvoir faire entendre raison à l'opinion publique anesthésiée : plus personne ne pense à le défendre.

La santé illustre enfin ce propos : cette donnée objective de l'existence que l'on cherchait toujours à améliorer, mais qui apparaissait cependant comme extrinsèque, est aujourd'hui soumise à la même reconsidération. Elle tend à être considérée comme un droit élémentaire de la personne, comme s'il existait un « droit à la santé » : la considération de son altération précède plus ou moins consciemment la considération de la dignité de la personne et semble justifier de nombreuses dérives comme l'interruption médicale de grossesse, les manipulations génétiques sur l'embryon et la destruction embryonnaire associée, ou encore toutes les étonnantes mesures coercitives prises contre les enfants et les personnes âgées, et plus largement contre tous les citoyens dans la gestion sanitaire de la crise de la Covid.

L'assentiment irréfléchi donné au cadre légal, seul garde-fou aujourd'hui considéré comme admissible pour prémunir la société des déviances, porte certainement une grande responsabilité dans cette anesthésie de l'opinion publique. L'absolutisation du droit, le positivisme juridique, est en effet un aspect majeur de la modernité qui a remis en question certaines des perspectives les plus fondamentales dans la pensée éthique de la civilisation occidentale. Le positivisme juridique s'oppose à la tradition réaliste des droits de l'homme fondée sur la morale naturelle et orientée vers la recherche du bien de la personne humaine, tradition qui considère que les droits fondamentaux de la personne humaine sont inscrits dans l'ordre de la nature et qu'ils sont de ce fait antérieurs à la société et à l'État qui ne peuvent que les proclamer et les entériner. Par opposition, le positivisme juridique promeut un système juridique qui se veut objectif, refusant de faire appel à des valeurs morales qui lui sont extérieures. Le droit positif influence profondément l'organisation des sociétés modernes : lui seul a valeur juridique et il est la seule norme à respecter (il n'y a pas de loi naturelle qui préexiste). Dans cette optique, la loi est entièrement l'œuvre des hommes, ceux-ci peuvent donc la défaire, l'abroger, la modifier et la refaire à leur guise. De fait, nous assistons ces dernières années à une mutation progressive mais bien réelle de la notion de droits de l'homme, s'éloignant toujours davantage du modèle de 1948 inspiré de la loi naturelle, pour nous tourner vers une conception toujours plus positiviste des droits de l'homme, expression momentanée de tel ou tel groupe de pression. De nouveaux droits de l'homme, inédits jusqu'alors, sont ainsi apparus, qui n'hésitent pas à entrer frontalement en contradiction avec les droits fondamentaux de la personne humaine et à les transgresser délibérément. Soutenus par un battage médiatique massif, normalisé par un cadre légal toujours plus étendu, ces nouveaux droits désorientent profondément les mentalités qui sont inconsciemment forcées d'adhérer à ces nouvelles pratiques. Peu à peu, de renoncement en renoncement, les hommes admettent comme une évidence des pratiques contraires à leur dignité propre : sont ainsi apparus le *droit à la recherche scientifique sans entrave*, justifiant l'utilisation d'embryons humains comme matériel de laboratoire ; le *droit à l'enfant*, justifiant les procréations artificielles et l'accumulation d'embryons congelés ; le *droit à l'enfant normal*, sans défaut génétique ou chromosomique, justifiant diagnostic préimplantatoire et avortement ; le *droit à la santé*, justifiant l'expérimentation sur les cellules souches embryonnaires et la destruction associée d'embryons humains, ou encore justifiant certaines formes de clonage ; etc.

Associé au libéralisme, le positivisme est une arme terriblement efficace qui entraîne de nombreuses confusions pour les individus et pour les sociétés. Des règles morales élémentaires sont désormais considérées comme contre-valeurs et suscitent le refus. Perdus sans repère et sans Dieu, les individus rejettent pourtant inconsciemment ce nouvel homme et ce projet de société qui suscitent leur propre dégoût. Mais le mensonge initial dénature tant l'homme, il est si enchevêtré dans les consciences populaires et dans la culture savante que les hommes contemporains se résignent avec désespoir à croire que l'homme est en lui-même un mal ontologique.

Comment pourrait-il en être autrement, sans conversion ? Le projet anthropologique des sociétés occidentales est objectivement nihiliste pour l'homme. Il ne peut leur apporter aucune espérance.

Trois idéologies nouvelles sont particulièrement révélatrices de cette mutation ontologique dont les conséquences sont considérables pour l'existence des hommes : le transhumanisme, l'antispécisme et les études de genre.

Les trois sont entrées ces dernières années dans une phase de développement extrêmement rapide.

Toutes les trois procèdent d'un même mouvement de refus de la nature. Chacune porte la même erreur fondamentale qui consiste à nier et à vouloir transformer les données objectives du réel. La volonté de tout transformer atteint aujourd'hui sa dernière frontière : l'homme lui-même. Chacune de ces trois idéologies est une menace nihiliste terriblement inquiétante pour l'homme : le transhumanisme d'abord, qui dénie à la nature sa plénitude et sa faculté d'être le réceptacle du plein épanouissement de la personne. En classant les individus en fonction de leurs capacités physiques ou cognitives, ce qui revient à définir des sujets qui auront moins de valeur que d'autres, il entend s'émanciper de la nature pour réaliser des possibles qu'elle ne contient pas, en vue d'un utopique parachèvement de l'humanité ; les études de genre ensuite, qui prétendent s'affranchir de la nature pour mieux la déconstruire et qui détestent en l'espèce humaine toute dimension d'altérité et de différence, ce qui comporte le risque de nier l'individualité qui est pourtant le propre de l'homme ; l'antispécisme enfin, véritable réquisitoire contre l'homme, qui remet directement en cause la dignité supérieure de la vie humaine. Cette négation de la nature et cette insatisfaction des données objectives du réel sont les deux éléments qui rendent condamnables ces trois idéologies du point de vue de la personne humaine.

***

2

Le transhumanisme

Le rêve transhumaniste d'améliorer la race humaine ne date pas du XXIe siècle. Si l'on veut faire démarrer le transhumanisme quelque part, disons qu'il s'est structuré dès le XIXe siècle avec la formalisation de la pensée eugéniste.

Malheureusement, l'eugénisme est victime de la *reductio ad Hitlerum*[1]. En condamnant les crimes nazis, on a cru cette idéologie définitivement proscrite : qui penserait aujourd'hui que l'eugénisme d'État tel qu'il fut mis en place par le régime national-socialiste puisse encore exister sous une forme ou sous une autre ? Cette forme d'eugénisme révèle de façon tellement explicite, officielle, son opposition inhérente et frontale aux droits de l'homme et à la dignité inaliénable de tout être humain qu'il paraît inconcevable dans l'imaginaire collectif que le législateur ou de puissants groupes industriels puissent encore s'en inspirer. L'eugénisme nazi désigne explicitement celui qui n'a pas le droit de vivre. Il s'arroge officiellement le droit de qualifier l'autre. Cette déviance semble définitivement bannie par l'homme occidental. D'ailleurs, toute la législation qui fut explicitée à Nuremberg pour développer les

1. Pierre-André Taguieff, *L'Eugénisme*, Coll. « Que sais-je ? » n° 4198, Paris, PUF, 2020, 128 p.

chefs d'accusation contre les crimes eugéniques nazis nous protège de telles dérives, pensons-nous.

Toutefois, l'eugénisme est insidieusement revenu sur le devant de la scène dans les sciences biomédicales après 1945. Or, tout ce qui touche aux sciences biomédicales concerne l'humanité tout entière, car tout le monde, producteur ou utilisateur, est concerné par les progrès de la médecine et par ses dangers. Cet eugénisme contemporain qui ne dit pas son nom – se dissimulant habilement sous le vocable de transhumanisme –, se drape dans le voile de la bienfaisance pour promouvoir un perfectionnement infini de l'humanité au nom de l'éradication des maladies et des souffrances. Cet « eugénisme bienfaisant », sous couvert de progrès scientifique, a tant imprégné l'imaginaire collectif que la culture savante a fini par rencontrer la culture populaire, achevant ainsi de le légitimer ou de le faire accepter plus ou moins consciemment.

Pourtant, choisir son donneur de sperme ou modifier directement l'embryon, que ce soit pour décider du sexe, de la couleur des yeux ou pour éliminer les gènes récessifs défavorables des populations humaines ne relèvet-il pas d'une même volonté d'améliorer notre espèce ? Interrompre une grossesse pour raisons médicales ou sélectionner un embryon humain sain et détruire les mauvais au motif de la sélection génétique, n'est-ce pas la même volonté de différencier ceux qui ont le droit de vivre de ceux qui ne l'ont pas, afin d'épurer l'espèce humaine des sujets non essentiels, indésirables ou défectueux ? Imaginer, par les nouvelles technologies convergentes, réaliser des possibles que la nature n'a pas encore créés, n'est-ce pas *ingéniériser* le vivant ? Cela ne revient-il pas à traiter l'homme comme une machine à qui on pourrait proposer de nouveaux types de rouages plus perfectionnés pour la faire aller plus vite ? N'est-ce pas aussi menacer l'intégrité corporelle et prendre le risque de diviser l'humanité entre ceux qui auraient accès à ces technologies augmentantes et le reste de l'humanité ?

Constituer de gigantesques ensembles de données de santé à caractère personnel, n'est-ce pas ouvrir la possibilité de donner des indicateurs potentiels du statut actuel ou futur de la personne et, par là même, fragiliser son droit fondamental à la vie privée ? N'est-ce pas aussi prendre le risque de laisser se développer de nouvelles formes de discriminations entre les êtres humains, fondées non plus sur l'appartenance de la personne à un groupe historiquement discriminé, mais sur les caractéristiques particulières de cette personne ?

La pénétration toujours croissante de nouvelles technologies dans l'homme n'ouvre-t-elle pas la voie à une dissolution graduelle des limites, jusqu'alors nettes, entre l'homme et la machine ? Cet effacement conduit inévitablement à une remise en question de notre identité proprement humaine.

Pour mieux appréhender ces questions nouvelles du transhumanisme, comprendre leur continuité avec l'eugénisme d'État et saisir combien le transhumanisme porte en lui-même une vision du futur fausse et culturellement déshumanisante, il convient de plonger dans l'histoire de l'eugénisme et de revenir à la source de cette idéologie.

On peut voir en Francis Galton[2], cousin de Darwin et père spirituel de l'eugénisme, celui qui a relancé à l'aube du xxe siècle cette idée d'amélioration de l'espèce humaine. Sous son influence, de nombreux scientifiques de la première moitié du xxe siècle ont exprimé leur désir,

2. Sir Francis Galton (1822-1911), anthropologue anglais, explorateur, géographe, inventeur, météorologue, écrivain, proto-généticien, psychométricien et statisticien britannique.

encore utopiste mais non dissimulé, de voir le progrès scientifique favoriser l'avènement d'un monde contrôlant le nombre et la qualité des sujets humains. Vu le caractère encore rudimentaire des connaissances en matière de génétique, c'était surtout aux techniques de fécondation artificielle qu'ils se référaient : l'idée était de se fonder sur la sélection des procréateurs pour améliorer les qualités héréditaires de l'homme, à l'image de la sélection animale.

La filiation à l'eugénisme

Le mot *eugénisme* est forgé en 1883 par Francis Galton pour désigner le mouvement d'idées en faveur de l'amélioration de l'espèce humaine. Initialement, cette théorie étudie les conditions les plus favorables à l'établissement d'une race saine, prise collectivement. Appliqué non plus à la collectivité mais à l'individu, l'eugénisme vise à améliorer l'homme lui-même, selon le vieux rêve prométhéen qui hante l'humanité depuis l'aube des temps.

Cette idéologie se structure rapidement autour de deux types d'eugénismes distincts et complémentaires : l'eugénisme négatif qui cherche à éliminer les tares héréditairement transmissibles. Il conduit à imaginer des dispositifs variés tels qu'internement, ségrégation, stérilisation des sujets présentant des anomalies héréditaires ou qui sont les moins doués. Dans les cas extrêmes, il peut conduire à une élimination pure et simple de la population décrite comme inférieure. L'eugénisme positif, quant à lui, vise à favoriser le développement des caractéristiques jugées les plus désirables ou favorables de l'être humain. Il consiste à prendre des mesures pour favoriser la reproduction des sujets considérés comme les meilleurs.

Au-delà de la distinction entre l'eugénisme positif et négatif, l'eugénisme dit *dur* se caractérise par son aspect militant et conscient. Il s'est formalisé dans l'eugénisme d'État de l'Allemagne nationale-socialiste. L'eugénisme d'État entend arriver à une amélioration globale de l'espèce humaine dans le pays qui l'a adopté. Dans cette perspective, la réalité individuelle de l'homme est niée et seule compte la suprématie collective de la nation.

L'eugénisme dit *mou*, inconscient, peut concerner tout un chacun, car la doctrine eugéniste exerce une indéniable séduction sur beaucoup de gens. Des citoyens ordinaires, dont la bonne foi paraît certaine, donnent volontiers leur adhésion à des mesures de type eugénique qui leur paraissent tout à fait raisonnables dans l'intérêt du plus grand nombre. Cet eugénisme mou explique la passivité avec laquelle la population a souvent accueilli les mesures eugéniques dans le passé et, bien souvent, le peu d'opposition que ces mesures ont soulevé.

L'évolutionnisme darwinien a profondément marqué notre pensée occidentale, mais nul ne semble l'associer à l'eugénisme. Pourtant, la pensée évolutionniste de Charles Darwin porte sans équivoque les prémices de la pensée eugéniste :

> Chez les sauvages, les faibles en corps ou esprit sont rapidement éliminés, et ceux qui survivent montrent habituellement un état de santé vigoureux. De l'autre côté, nous, hommes civilisés, faisons le maximum pour neutraliser le processus de l'élimination ; nous construisons des asiles pour les imbéciles, les handicapés, et les malades ; nous instituons des lois pour les pauvres ; nos médecins exercent leur art pour sauver

> la vie de chacun jusqu'au dernier moment. [...] Ainsi les plus faibles membres de la société se reproduisent. Personne, parmi ceux qui s'occupent d'accoupler les animaux domestiques, ne douterait que cet état de choses ne soit très contraire à la race humaine [...] À l'exception de l'homme lui-même, personne n'est assez ignorant ou assez maladroit pour permettre aux animaux débiles de se reproduire[3].

Selon Darwin, un moyen particulièrement efficace d'assurer la conservation de la race consiste donc à ralentir la propagation des êtres « débiles », quoiqu'il reconnaisse à la communauté humaine un devoir de compassion qui consiste à prendre en charge ces êtres faibles[4].

Francis Galton, qui consacre une large partie de son activité à la défense de la théorie de l'évolution de son cousin, va cependant plus loin. En 1873, il formalise sa pensée dans *Hereditary Improvement*[5], un ouvrage qui porte sur les facteurs héréditaires et leur rôle déterminant dans la résolution des différences individuelles: il juge que contribuer volontairement au processus général de la sélection naturelle et améliorer héréditairement l'espèce sont des devoirs pour l'humanité. Le mot *eugénisme* est forgé à dessein pour désigner cette science de l'amélioration de la lignée, à partir des racines grecques « *eu* » (bien) et « *genos* » (engendrer). Le mot signifie littéralement le

---

3. Charles Darwin, *The Descent of Man and selection in Relation to Sex*, trad. Edmond Barbier, Paris, 1891, chap. V, p. 144.

4. « Nous devons donc subir sans nous plaindre les effets incontestablement mauvais qui résultent de la persistance et de la propagation des êtres débiles », *Ibid.*, p. 145.

5. Francis Galton, « Hereditary Improvement » in *Fraser's magazine*, vol. 7, Macmillan and Company, 1873, 15 p.

« bien engendré » dans le sens de « né en bonne santé » et de « né d'une bonne descendance[6] ».

Galton est convaincu de la nécessité de contrôler et d'accélérer le processus darwinien de la sélection naturelle afin d'améliorer les caractéristiques adaptatives des espèces. L'objectif ainsi poursuivi est de pallier les préoccupations philanthropiques et compassionnelles des humains qui, en permettant aux faibles de survivre et de se reproduire, réduisent l'action de la sélection naturelle. Le but que Galton fixe à la nouvelle science eugénique est donc d'aider la sélection naturelle en donnant « aux races et lignées les plus convenables une meilleure opportunité pour prévaloir sur les moins convenables[7] ».

Les idées de Galton connaissent un grand succès dans les cercles scientifiques européens et américains déjà sous influence des théories évolutionnistes. Dans les premières années du XXe siècle, ces idées se transforment en un mouvement social qui se diffuse rapidement à de nombreux pays. Les membres conservateurs des classes cultivées adhèrent au mouvement, ainsi que des libéraux et des intellectuels socialistes[8]. Des sociétés d'eugénisme se créent dans divers pays du monde développé, avec le double but de favoriser la recherche sur l'hérédité et

6. Galton définit ainsi le mot eugénisme : « Science de l'amélioration de la lignée, qui ne se borne nullement aux questions d'union judicieuse, mais qui, particulièrement dans le cas de l'homme, s'occupe de toutes les influences susceptibles de donner aux races les mieux douées un plus grand nombre de chances de prévaloir sur les races moins bonnes », *in* Francis Galton, *Inquiries into human faculty and its Development*, 1883. Galton y définit brièvement l'eugénisme comme étant la « culture de la race » (*cultivation of race*) et la recherche eugénique comme la recherche des « conditions dans lesquelles des hommes d'un type supérieur sont produits ».

7. *Ibid.*

8. Comme Havelock Ellis, président de la « Société eugénique » (voir Phyllis Grosskurth, *Havelock Ellis: a biography*, éd. Allen Lane, New York, Knopf, 1980, p. 412) ou George Bernard Shaw qui adhère à la Société eugénique dès 1890.

de promouvoir l'éducation eugénique et les mesures de contrôle de la population. Après la Première Guerre mondiale, l'eugénisme commence à être enseigné dans les universités.

Dans les premières décennies du XXe siècle, avec l'émergence de la toute nouvelle génétique humaine, la plupart des grands généticiens sont eugénistes[9]. En 1935, Alexis Carrel, prix Nobel de médecine et auteur de *L'Homme, cet inconnu*, exprime les mêmes idées :

> Personne ne devrait épouser un individu porteur de tares héréditaires… À la vérité, ceux qui portent un trop lourd fardeau ancestral de folie, de faiblesse d'esprit ou de cancer ne doivent pas se marier[10]…

Ces propositions purement théoriques seront reprises quelques années plus tard par les eugénismes d'État.

La combinaison des théories eugéniques et de l'évolutionnisme hérité de Darwin donne naissance dans les années vingt au darwinisme social, un mouvement en faveur d'une politique sociale fondée sur les principes darwinistes de l'évolution[11]. Ce courant tend à rejeter les idées jusqu'alors dominantes sur la valeur inhérente

9. Les Américains Charles Davenport, Raymond Pearl et Herbert S. Jennings ; les Britanniques Ronald A. Fischer, J.B.S. Haldane, Julian Huxley ; les Allemands Friz Lenz, Eugen Fischer et Erwin Baur ; les Français Georges Vacher de Lapouge, Adolphe Pinard, Charles Richet, Lucien Cuénot, Alexis Carrel dans une moindre mesure.

10. Alexis Carrel, *L'Homme, cet inconnu*, Paris, Plon, 1935, chap. VII, « La construction de l'élite, l'eugénisme volontaire, une aristocratie héréditaire », p. 365.

11. Sur ce sujet, voir Jean-Marc Bernardini, *Le Darwinisme social en France (1859-1918) : Fascination et rejet d'une idéologie*, Paris, éd. du CNRS, 1997, 459 p. ; André Pichot, *La Société pure. De Darwin à Hitler*, Paris, Champs Flammarion, 2000 ; André Larané, *Darwinisme social et racisme scientifique*, *herodote.net*, 22 mai 2010.

et la dignité de toute vie humaine[12]. L'idée que toute vie humaine a une dignité inaliénable est peu à peu remplacée par l'idée que certaines vies ne valent pas la peine d'être vécues et doivent être éliminées. Ce sont les idées promues et acceptées du darwinisme social que le national-socialisme mettra en œuvre. Richard Weikart observe qu'au temps où Hitler vivait à Vienne, dans les années vingt, la presse était « saturée par le darwinisme social raciste[13] ».

En France, l'expérience eugéniste d'Ungemach à Strasbourg en est une illustration glaçante : pendant plus de soixante ans, une cité-jardin était réservée aux éléments précieux de la société (*sic*). Des couples avaient accès à une maison dans la cité arborée d'Ungemach, à condition de fonder une famille nombreuse. L'idée était d'améliorer l'espèce humaine en augmentant la proportion d'individus dits « de qualité ». La cité Ungemach a été inaugurée en 1924, en s'appuyant sur l'idéologie de Francis Galton. Le fondateur de la cité-jardin, Alfred Dachert, examinait de très près les familles cobayes de l'expérience et les classait selon un barème précis. Cette expérience d'Ungemach à Strasbourg a duré jusque dans les années quatre-vingt[14].

12. Une des sources les plus influentes de ces idées fut le livre publié en 1920 par deux auteurs allemands, le juriste Karl Ludwig Binding et le psychiatre Alfred Hoche, deux auteurs universitaires respectés : *Die Freigabe der Vernichtung lebensunwerten Lebens* (Libéralisation de la destruction de vies qui ne valent pas d'être vécues), Leipzig, 1920, 132 p.

13. Richard Weikart, *From Darwin to Hitler : evolutionary ethics, eugenics, and racism in Germany*, Palgrave Macmillan, 2004.

14. *L'expérience Ungemach, une histoire de l'eugénisme* : documentaire de Vincent Gaullier et Jean-Jacques Lonni, novembre 2021, Look at Science - Sancho & C° - France Télévisions.

Fait davantage méconnu, c'est aux États-Unis que le mouvement eugénique s'établit le plus fermement[15]. Margaret Sanger, eugéniste avouée, membre de l'American Eugenist Society, s'appuie ainsi sur les idées et les ressources du mouvement eugénique lorsqu'elle fonde en 1916 l'American Birth Control League (ligue pour le contrôle des naissances) qui devint par la suite le planning familial américain sous le nom de Planned Parenthood. Certes, Margaret Sanger ne fait pas de distinction entre aptes et inaptes selon des lignes raciales comme les nazis le feront. Mais selon elle, les pauvres, les épileptiques, les alcooliques, les criminels, les sujets handicapés physiquement ou psychiquement doivent être empêchés de se reproduire, par force si nécessaire. Dans son livre *Woman and the new Race* (1920), Sanger présente ces efforts comme « ni plus ni moins que la facilitation du processus d'élimination des inaptes, que la prévention de la naissance des déficients ou de ceux qui le deviendront[16] ».

En 1945, le courant eugénique connaît un frein avec la chute du régime nazi et la condamnation par le tribunal international de Nuremberg des pratiques eugénistes et des médecins qui en avaient été responsables.

L'eugénisme n'est pas mort pour autant. Il a simplement changé d'aspect, en se drapant désormais sous les voiles de la bienfaisance médicale pour promouvoir sa volonté d'améliorer l'espèce humaine. Ce qui est nouveau aujourd'hui est l'émergence, à côté d'un eugénisme

15. En 1919, l'Eugenics Records Office fut créé, la plus importante des institutions de recherche eugénique. En 1923, l'American Eugenics Society est constituée avec des branches dans 29 États à la fin des années vingt. En 1928, on évalue à 376 le nombre de cours d'eugénisme dispensés dans les collèges. L'université américaine est touchée par le mouvement au milieu des années trente.

16. « *Nothing more or less than the facilitation of the process of weeding out the unfit, of preventing the birth of defectives or those who will become defectives* », *in* Margaret Sanger, *Woman and the new Race,* New York, Éd. Brentano's, 1920.

d'État classique passant par la stérilisation, la contraception et l'avortement – pratiques totalement acceptées dans l'opinion publique en tant que nouveaux droits fondamentaux –, d'un eugénisme privé, à la fois négatif (diagnostic prénatal et IMG, diagnostic préimplantatoire et sélection embryonnaire) et positif (l'enfant parfait, quand je veux, comme je veux). Cette évolution est favorisée par les lois de bioéthique toujours plus permissives et par les manipulations génétiques que la science permet d'effectuer. Elle est aussi accélérée par l'apparition de nouveaux domaines de recherche et disciplines scientifiques qui sont entrés dans une phase de progrès extrêmement rapides et qualitatifs ces dernières années. Ces nouvelles technologies, connues sous l'abréviatif NBIC (Nanotechnologies, Biotechnologies, Informatic and Cognitives sciences en anglais) ont comme particularité d'abolir les limites jusqu'alors nettes entre le naturel et l'artificiel, en faisant entrer l'humain dans la technologie et la technologie dans l'humain.

Le développement incontrôlé de ces nouvelles technologies laisse présager une transformation de l'être humain tel que nous le connaissons aujourd'hui, dans le sens d'une cohabitation toujours plus poussée dans le corps de l'homme d'éléments biologiques humains et d'éléments inorganiques, objets techniques fabriqués par l'homme et intégrés dans son corps. Les innovations qui résultent de la convergence de ces technologies tendent en effet toutes à accroître les performances humaines de façon artificielle, dans une perspective qui évoque le rêve transhumaniste.

Celui-ci a commencé, assez précocement, à être formalisé pendant l'entre-deux-guerres par des scientifiques de renom, américains et britanniques, qui voulaient réformer la doctrine eugénique dont les thèses étaient devenues caricaturales et pseudo-scientifiques. Ces scientifiques désiraient maintenir les idées de Galton sur la possibilité d'une amélioration de l'humanité, tout en rejetant l'application criminelle qui en avait perverti la conception. Trois de ces réformateurs doivent être mentionnés : Hermann Joseph Muller, Julian Huxley et John Burdon Sanderson Haldane. C'est leur pensée qui posa les bases du transhumanisme.

Naissance du transhumanisme

C'est à Julian Huxley (1887-1975), biologiste de l'évolution, premier directeur général de l'UNESCO et fondateur du World Wildlife Fund (WWF), frère de l'écrivain Aldous Huxley[17], que l'on doit le terme transhumanisme. Il forge ce terme pour désigner le rêve de transcender l'homme actuel et ses limites afin de parachever l'évolution et arriver ainsi à un homme nouveau doté de nouvelles possibilités. En 1957, Huxley publie l'essai « Transhumanism » où il délivre sa vision :

> Nous sommes déjà justifiés dans la conviction que la vie humaine […] pourrait être transcendée par un état d'existence basé sur l'illumination donnée par la connaissance et la compréhension […] L'espèce humaine peut, si elle le veut, se transcender – pas seulement de façon sporadique […] mais dans sa totalité, comme humanité. Nous avons besoin d'un nom pour cette nouvelle croyance. Peut-être transhumanisme servira ; l'homme restant l'homme

17. Aldous Huxley s'inspira d'ailleurs de l'idéologie transhumaniste véhiculée par son frère quand il écrivit son célèbre roman d'anticipation dystopique *Le Meilleur des mondes* en 1931.

> mais se transcendant, par la réalisation de nouvelles possibilités de sa nature humaine et pour elle[18].

Huxley est un partisan de l'eugénisme comme moyen d'amélioration de la population humaine :

> Une fois pleinement saisies les conséquences qu'implique la biologie de l'évolution, l'eugénisme deviendra inévitablement une partie intégrante de la religion de l'avenir, ou du complexe de sentiments, quel qu'il soit, qui pourra, dans l'avenir, prendre la place de la religion organisée[19].

Huxley, comme bien d'autres généticiens, voit dans l'eugénisme un moyen d'éliminer les variantes indésirables du patrimoine génétique humain dans son ensemble. Dans les années d'après-guerre, alors qu'il participe à la fondation de l'UNESCO, il réaffirme son attachement à une politique eugéniste :

> L'inégalité biologique est évidemment le fondement de l'affirmation de tout l'eugénisme. […] L'inégalité de simple différence est souhaitable, et la préservation de la variété humaine devrait être l'un des deux buts principaux de l'eugénisme. Mais l'inégalité de niveau ou de degré n'est pas souhaitable, et le deuxième but essentiel de l'eugénisme devrait être l'élévation du niveau moyen de toutes les qualités désirables[20].

18. Julian Huxley, « Transhumanism », in *New Bottles for New Wine*, Londres, Chatto & Windus, 1957.

19. Id., *L'Homme, cet être unique*, éd. Oreste Zeluck, Paris, La Presse française et étrangère, 1948, p. 47.

20. Id., *L'UNESCO, ses buts et sa philosophie* [archive], 1946, consulté en ligne https://unesdoc.unesco.org/ark: /48223/pf0000068197_fr.

C'est seulement par la suite, quand l'eugénisme aura été assimilé aux crimes nazis dans les mentalités collectives, qu'Huxley forgera le terme de transhumanisme pour décrire le point de vue selon lequel l'homme pourrait s'améliorer grâce à la science et la technologie, notamment avec l'aide de l'eugénisme.

Dans les années soixante, les prédictions de Julian Huxley trouvent un écho scientifique concret dans les travaux de Joshua Lederberg (1925-2008), généticien et microbiologiste américain, pionnier de la biologie moléculaire, prix Nobel de médecine en 1958. Étudiant la reproduction d'une bactérie, il découvre en 1947 que les bactéries d'une même espèce peuvent échanger des gènes sans reproduction. En 1969, il décrit de façon prédictive les thérapies géniques et les OGM[21]. En partant des développements accomplis au cours des dix années précédentes en biologie moléculaire, il propose d'appliquer à l'espèce humaine les connaissances ainsi acquises en matière d'hérédité pour parvenir au « contrôle chimique du génotype[22] ». Les lenteurs du développement de la génétique moléculaire font tomber ses prédictions dans l'oubli jusqu'aux années deux mille dix. Pourtant Lederberg est bien le premier promoteur des manipulations génétiques appliquées à l'espèce humaine et des transformations du génotype humain.

Le courant de pensée dont s'inspire Lederberg commence à se dessiner aux États-Unis dans les années cinquante, pour se développer dans les années soixante

21. Dans l'article « Génétique » de *L'Encyclopedia britannica*, Lederberg prédit que l'on pourra un jour introduire de nouveaux gènes dans les chromosomes des hommes ou des plantes, ce qui permettrait de venir en aide aux maladies humaines d'origine génétique, et de produire des plantes améliorées.

22. Joshua Lederberg, « Experimental Genetics and Human Evolution » in *The American Naturalist*, vol. 100, n° 915, sept. oct. 1966.

sous l'égide des scientifiques américains Marvin Minsky[23] et Raymond Kurzweil[24], respectivement fondateur et membre du Massachusetts Institute of Technology (MIT). Ces penseurs appellent de leurs vœux une nouvelle humanité faite de surhumains ayant dépassé le stade actuel de l'humain grâce aux modifications corporelles et cognitives permises par les nouvelles technologies. Ils invitent à ne pas faire obstacle aux progrès technologiques, mais au contraire à les utiliser pour les dominer.

La Déclaration transhumaniste réadoptée en 2002 par la World Transhumanist Association formalise cette pensée dans son article 1 :

> L'humanité va être profondément affectée par la science et la technologie dans le futur. Nous envisageons la possibilité d'élargir le potentiel humain en surmontant le vieillissement, les limites cognitives, les souffrances involontaires et notre confinement sur la planète Terre[25].

Améliorer la race humaine, utopie ou réalité ?

À partir des années quatre-vingt-dix, de nouveaux domaines de recherche et disciplines scientifiques font leur

---

23. Marvin Minsky, PhD, 1927-2016, scientifique américain, cofondateur avec l'informaticien John McCarthy du Groupe d'intelligence artificielle du Massachusetts Institute of Technology (MIT) et auteur de nombreuses publications aussi bien en intelligence artificielle qu'en philosophie comme *La Société de l'esprit* (1986). Son dernier ouvrage, *The Emotion Machine* (2006), non publié en français, propose de nouveaux développements sur ces théories.

24. Raymond Kurzweil, né en 1948, ingénieur américain, auteur de nombreux ouvrages sur la santé, l'intelligence artificielle, la prospective et la futurologie, professeur au MIT, directeur de l'ingénierie chez Google.

25. https://humanityplus.org/transhumanism/transhumanist-declaration/

apparition, comme la biologie de synthèse, les nanotechnologies et les sciences cognitives. D'autres domaines qui ont une histoire plus ancienne entrent dans une phase de progrès rapide et qualitatif, par exemple les Technologies de l'information et de la communication (TIC).

La singularité de toutes ces technologies émergentes (Nanotechnologies, biotechnologies, informatique et neurosciences, plus connues sous leurs initiales anglo-saxonnes NBIC) est qu'elles sont *convergentes*, c'est-à-dire que l'on tire des innovations spectaculaires de leur complémentarité. Ce qui est nouveau dans cette convergence est un changement qualitatif. Une partie importante des développements dans ces quatre domaines prend place à la limite entre la vie naturelle et la vie artificielle, entre l'humain et la machine, là où l'intelligence humaine et l'intelligence artificielle se côtoient. La caractéristique principale de la convergence NBIC est qu'elle dissout la frontière entre les sciences physiques (l'étude des systèmes non vivants) et la biologie (l'étude des organismes vivants).

Le développement de ces nouvelles technologies pousse certains philosophes et scientifiques transhumanistes à voir dans leur *convergence* impressionnante le signe du franchissement d'une nouvelle étape dans l'histoire de l'humanité qui serait marquée à l'avenir par une amélioration de l'être humain grâce à ces technologies[26].

Originellement, le transhumanisme s'est intéressé aux développements des neurosciences et aux possibilités qu'elles offrent dans la stimulation profonde ou l'autocontrôle des fonctions cérébrales. Il s'intéresse aussi aux

26. *Converging Technologies for Improving Human Performance, Nanotechnology, Biotechnology, Information Technology And Cognitive Science*, Edited by Mihail C. Roco and William Sims Bainbridge, National Science Foundation, 2003, 482 p.

développements de l'informatique et à la création d'une intelligence artificielle pour parachever l'évolution.

Plus d'un siècle d'observations et de découvertes ont préparé le terrain aux neurosciences telles qu'elles sont appliquées aujourd'hui. On sait avec certitude depuis les années cinquante que le cerveau répond aux stimulations lumineuses et sonores. Dans les années soixante, on expérimente que les instruments de musique électronique amplifiés et mariés à des lumières stroboscopiques et psychédéliques peuvent produire des changements rapides et profonds sur l'état de conscience du public. L'industrie du cinéma a très rapidement compris et exploité le potentiel du son pour embellir l'image qui passe à l'écran et pour transmettre et augmenter les émotions. Dans le domaine médical, la stimulation profonde des fonctions cérébrales voit le jour dès les années soixante pour soulager des patients souffrant de douleurs intenses. Elle est alors totalement expérimentale et les fréquences administrées sont choisies de façon empirique. Il faudra attendre les années quatre-vingt-dix pour que cette approche thérapeutique soit pratiquée pour certaines parhtologies. La « décennie du cerveau » entre 1990 et 2000 voit en effet la connaissance scientifique faire des progrès spectaculaires dans la recherche sur le cerveau humain. Trois développements technologiques sont les forces actives de cette croissance. La mise au point de l'Imagerie par résonance magnétique fonctionnelle (IRMf), d'abord, permet l'étude du cerveau *in vivo*. On découvre dans le même temps qu'au moyen de la technique de la neuromodulation par stimulation magnétique, on est capable de normaliser une fonction ciblée dans le réseau neuronal perturbé, par exemple pour traiter des affections comme les tremblements (Parkinson), les douleurs chroniques ou les épilepsies réfractaires au traitement. En 2014, seulement 5 à 10 %

des personnes atteintes de la maladie de Parkinson bénéficiaient de la stimulation cérébrale profonde (soit environ 400 patients par an en France) et environ dix fois moins dans les autres indications (tremblements et dystonies). Ces chiffres s'étoffent au fur et à mesure que la technique fait ses preuves dans des pathologies graves affectant des sujets jeunes sans alternative thérapeutique. C'est le cas de l'anorexie mentale ou encore des addictions.

À partir de 1995, la technique du *neurofeedback* (connue depuis les années vingt) est associée à l'IRM et prouve son efficacité : il s'agit cette fois-ci d'un procédé d'apprentissage qui permet à un individu d'apprendre à modifier son activité cérébrale dans le but d'améliorer sa santé et ses performances. Si le *neurofeedback* a originellement une application médicale restreinte (épilepsie), les études commencent à être plus nombreuses depuis le début des années deux mille dix et attestent que le *neurofeedback* en IRM montre des résultats favorables pour le traitement d'autres symptômes comme la dépression ou la schizophrénie.

La limite avec la thérapeutique devient plus incertaine avec le temps et les progrès de la technologie. Des applications non médicales du *neurofeedback* sont aujourd'hui proposées, par exemple dans des jeux vidéo ou en sport afin d'augmenter les performances sportives des athlètes.

> Les indications se multiplieront tant que les chercheurs découvriront des dysfonctionnements des circuits cérébraux associés à des symptômes délétères. La technique s'améliorera grâce à des électrodes de plus en plus fines, modulant le fonctionnement cérébral de façon plus sélective. Mais attention à fixer des limites. Nous savons déjà augmenter les capacités

> de mémoire en stimulant le système hippocampique. Peut-être apprendra-t-on bientôt à contrôler les circuits du bonheur, de la jouissance, de l'apprentissage… Comment être sûr que, demain, des individus ne paieront pas pour plus de mémoire, plus de plaisir ? Le risque du progrès associé à la stimulation cérébrale profonde est bien celui de la dérive[27], prévient le Pr Pierre Pollak.

La troisième innovation des neurosciences sera le véritable cheval de Troie des partisans du transhumanisme : il s'agit de la neuro-ingénierie, ou interface cerveau/ordinateur, née de la convergence entre les neurosciences et l'informatique. Le but principal de la neuro-ingénierie est de restaurer et d'accroître les fonctions neurologiques humaines par une connexion directe entre le système nerveux et des dispositifs artificiels informatisés. Les interfaces cerveau-ordinateur enregistrent l'activité cérébrale afin de la traduire en signaux qui contrôlent ou communiquent avec des dispositifs externes comme des chaises roulantes ou des ordinateurs. Si les applications médicales de la neuro-ingénierie sont importantes (*Responsive neurostimulation device*, bras robotique, contrôle de l'état pathologique pour des personnes souffrant de diabète, par exemple), l'utilisation non médicale de l'ingénierie neuronale est autrement problématique. Elle se donne pour mission de mettre au point de nouvelles interfaces homme/machines implantées dans le cerveau pour réaliser une fusion plus étroite de l'intelligence humaine avec l'intelligence numérique. Une entreprise comme Neuralink, fondée par le célèbre Elon Musk, développe

27. Pierre Pollak, « la stimulation cérébrale profonde, une petite révolution », in https://histoire.inserm.fr.

ainsi des dispositifs qui permettraient d'accroître la mémoire ou encore de se connecter à Internet sans avoir besoin d'écrire ou de parler. La neuro-ingénierie est aussi étendue aux divertissements et aux loisirs (X Wave par exemple, qui est une interface cerveau/ordinateur pour iPhone, iPod Touch et iPad), ou encore au neuromarketing qui est littéralement l'application des neurosciences cognitives au marketing et à la communication. Cette discipline émergente cherche à mieux comprendre, prédire ou modifier les émotions, choix, goûts, aversions et comportements des consommateurs, grâce à l'identification des mécanismes neuronaux et des zones cérébrales activées ou désactivées lors d'un acte de choix, d'achat (raisonné ou impulsif) ou face à une publicité, un emballage, une page internet, etc.

Les questions soulevées par ces possibilités des neurosciences sont les suivantes : est-il légitime et licite de changer les gens par quelque technique de neurostimulation ? Les droits fondamentaux de l'homme que sont la liberté et l'intégrité cognitive et psychologique ne sont-ils pas menacés par les développements possibles de ces technologies ?

Les technologies de l'informatique et de la communication ne sont pas en reste dans le projet transhumaniste, qui s'est d'ailleurs intéressé précocement aux développements de l'informatique. Ces technologies, nous le savons bien, sont entrées dans une phase de développement extrêmement rapide et qualitatif depuis les années deux mille. Internet et le processus de captorisation permis par les capteurs inclus dans toutes sortes de produits de consommation reliés au web (depuis les chaussures « intelligentes » jusqu'aux téléphones portables) notamment, donnent la possibilité de créer des ensembles complets de données à caractère personnel. C'est aujourd'hui devenu une réalité sociotechnique incontestable. Appliquées au domaine de la santé, ces technologies permettent d'obtenir de très nombreuses données supplémentaires, par exemple en analysant un échantillon sanguin pour déterminer le taux de protéines ou la structure ADN. Enfin, les appareils de surveillance à distance sont de plus en plus perfectionnés. S'ils laissent surtout entrevoir un avenir sociotechnique dans lequel on pourra écouter et enregistrer à distance une conversation précise au milieu d'une foule, ils permettent aussi de surveiller l'état pathologique d'une personne. La nanotechnologie permet en effet la miniaturisation progressive des dispositifs de surveillance clinique. Cette miniaturisation permettra de plus en plus de surveiller en continu le fonctionnement du corps des individus et d'ajuster ce fonctionnement. Associée aux biomarqueurs qui peuvent être identifiés au niveau moléculaire (avant l'apparition de signes cliniques d'une maladie), la nanotechnologie médicale rend aujourd'hui possible d'utiliser ces biomarqueurs comme un moyen pour détecter les maladies le plus tôt possible. Dans certains cas, comme la maladie d'Alzheimer par exemple, cela permettrait une intervention précoce au point de départ de la maladie avant que la cascade de dégradation de l'état du patient ne se soit produite. Ceci est un bien incontestable.

Mais les biomarqueurs pourraient aussi être utilisés comme prédicteurs d'accroissement de risque et permettre la surveillance régulière de l'état de santé du sujet au long de son existence. Cet avenir médical est nettement plus inquiétant. Donner à un patient le détail de ces informations ne relèverait-il pas d'une forme de décryptage de l'état de santé de la personne ? N'y a-t-il pas un risque de traque des caractéristiques de santé ? Ces informations sont en outre loin d'être anodines, parce qu'elles peuvent présenter un fort potentiel anxiogène et culpabilisant pour les individus. Ceux-ci pourront-ils s'opposer à ce que ces informations leur soient transmises ? Cela revient à s'interroger sur la question essentielle posée par les données de santé : doit-on tout savoir ?

D'autres interrogations se poseraient si cette pratique était technologiquement rendue accessible. D'abord du point de vue des droits de l'homme : n'existe-t-il pas une possibilité que des gouvernements et des entreprises puissantes utilisent des méthodes de plus en plus intrusives (et souvent invisibles) de collecte de données de santé pour affaiblir les principes de vie privée et de confidentialité, dans l'objectif de contrôler des populations ou à des fins de stratégies axées sur le marché ? Un tel panoptique médical ne mettrait-il pas en danger les libertés civiles ? Ne préparerait-il pas la voie à des formes insidieuses d'exploitation ou de domination ? On comprend aisément que ces collectes massives des données de santé posent la question des limites à apporter au développement de ces méthodes par respect pour la dignité humaine et les droits humains fondamentaux.

Ensuite, du point de vue de la justice distributive : la promesse d'un changement rapide à l'échelle planétaire par ces nouvelles biotechnologies soulève un certain scepticisme quant à l'orientation de ce changement. Qui en profitera et qui en subira les inconvénients, le cas échéant ? Les nouvelles biotechnologies posent incontestablement et de différentes façons une question de pouvoir : quel est le but des interventions qu'elles rendent possibles ? Qui les produit et qui les détient ? Sont-elles développées dans l'intérêt et pour le profit de seulement quelques-uns ? Ce développement prend-il en compte les besoins de toute l'humanité, et vise-t-il à promouvoir le développement, la santé et les conditions de bien-être de tous les peuples et de tous les êtres humains ? Tant que l'éducation et la richesse resteront des sources d'inégalités, les progrès les plus spectaculaires permis par ces technologies risquent fort d'aggraver les inégalités et de créer de nouvelles formes de discrimination et de marginalisation.

Nous le savons bien, et Georges Orwell l'avait mis en scène dans son roman d'anticipation *1984*, plus un pouvoir est renseigné et plus il est facile pour lui de persuader, de transformer et de contrôler ses citoyens. Avec les mégadonnées, même les aspects les plus ordinaires et triviaux de la vie quotidienne deviennent des indicateurs potentiels du statut actuel ou futur de la personne et des traits de sa sensibilité. Il existe un risque que puisse se développer à partir de ces indications une certaine discrimination de la personne dans la manière de la traiter. Cette discrimination peut se fonder sur l'appartenance à un groupe historiquement discriminé, mais aussi sur des caractéristiques particulières, par exemple sur le style de vie, les facultés physiques ou les données de santé. En soi, tout est possible avec le paternalisme libéral qui laisse se développer un contrôle permanent des individus (*monitoring*) sur le plan de la santé, du marché, des transports ou des décisions d'achat. La question du recueil des données personnelles et de leur traitement pose donc problème dans le cadre des droits de l'homme en ce qui concerne le respect de la vie privée. Le développement des technologies émergentes complique encore la situation, car la protection de la vie privée est de plus en plus difficile à assurer du fait de la combinaison des techniques et de leur complexité. Or, ce n'est pas à la personne de renoncer au plein exercice de sa liberté face aux ambitions d'un marché du progrès technologique et de la promesse d'un avenir meilleur. Ce sont plutôt ces ambitions qui doivent se conformer au respect de la liberté et de la dignité de la personne humaine afin de demeurer au service de son bien personnel et du bien commun[28].

Aujourd'hui, les possibilités offertes par les neurosciences et l'informatique touchent aussi la virtualisation effective de l'être humain. Une chercheuse britannique, Catriona Campbell, spécialiste de l'intelligence artificielle, annonce dans son livre *AI by Design : A Plan For Living With Artificial Intelligence*, le futur essor d'« enfants Tamagotchi[29] », reprenant le nom des animaux de compagnie virtuels commercialisés à la fin des années quatre-vingt-dix. Ces enfants virtuels ressembleront à leurs parents, ils seront capables de les reconnaître et de leur répondre grâce à l'analyse de la voix et au suivi du visage. Ils seront aussi capables de simuler des réactions émotionnelles. Et quand viendra l'heure du bain ou des câlins, il suffira d'enfiler un gant high-tech pour avoir un retour tactile et ressentir des sensations physiques. Réelles celles-là. Des enfants qui grandiront aussi en fonction des *desiderata* de leurs parents, zappant seulement l'adolescence ou les maintenant nourrissons pour l'éternité. Cette prédiction relève-t-elle de l'utopie ou de la dystopie ? La perspective peut sembler lointaine, mais Catriona Campbell l'affirme :

28. *Critique de la raison transhumaniste*, Paris, éd. du Cerf/Collège des Bernardins, 2018, p. 55-65, Ouvrage collectif - Actes du colloque « Critique de la raison transhumaniste » du 19 et 20 mai 2017, sous la direction de Dominique Folscheid, Anne Lécu, Brice de Malherbe.

29. Voir à ce sujet *The Guardian*, « Tamagotchi kids : could the future of parenthood be having virtual children in the metaverse ? » (31 mai 2022) ; *Daily Mail*, « Sam Tonkin, Rise of the 'Tamagotchi kids' : Virtual children that play with you, cuddle you, and even look like you will be commonplace in 50 years – and could help combat overpopulation, AI expert predicts » (31 mai 2022).

> D'ici 50 ans, la technologie aura tellement progressé que les bébés qui existent dans le métavers [cet univers de réalité virtuelle destiné à supplanter l'Internet que nous connaissons – N.d.A.] seront indistincts de ceux du monde réel[30].

D'ailleurs il existe déjà, selon elle, un prototype de ce concept, certes peut-être encore un peu rudimentaire : « BabyX » est développé par la société néo-zélandaise Soul Machines, et vise à humaniser l'intelligence artificielle pour la rendre plus attrayante pour le public. Le cerveau de ce bébé virtuel est composé d'algorithmes qui déduisent ce qui est bon ou mauvais et lui permettent « d'apprendre à réagir aux interactions comme un vrai bébé ». Quant à ses mouvements et ses expressions à l'écran, ils sont conçus à partir de mouvements réels de bébés. Pour la chercheuse, ce sont les préoccupations liées à la surpopulation qui inciteront la société à adopter les enfants numériques. Que ce soit en matière de surpopulation, de protection de l'environnement ou du coût que représente le fait d'élever un enfant, nul doute que les arguments ne manqueront pas. Pourtant, ne s'agit-il pas fondamentalement du paroxysme de l'individualisme ? Un enfant si je veux, exactement comme je veux et quand je veux. Des enfants définis via un abonnement mensuel, que l'on pourra suspendre ou interrompre facilement. Des enfants « pratiques » en somme, comme tout ce que promet – et accomplit – le numérique…

En parallèle des possibilités de sélection, d'amélioration ou de virtualisation offertes par les neurosciences et l'informatique, le transhumanisme s'intéresse de plus en

30. Catriona Campbell, citée par *Gènéthique*, « Bientôt des enfants virtuels ? », 21 juin 2022. Consulté en ligne, https://www.genethique.org/bientot-des-enfants-virtuels/.

plus aux nouvelles possibilités qu'offre la combinaison des progrès de l'ingénierie génétique, de la génomique et de l'industrie procréatique.

Avec l'achèvement de l'analyse préliminaire de la séquence du génome humain (26 juin 2000) et l'entrée dans l'ère de la génomique, les connaissances sur les fonctions des gènes ont grandement progressé : on a commencé à faire des listes de gènes mutés pouvant donner certains avantages biologiques aux personnes qui en sont dotées. La mise au point des techniques récentes d'ingénierie génétique comme CRISPR/Cas9 (2013) dans la panoplie des modifications ciblées de génome, en rendant celles-ci plus faciles et plus efficaces, fait accomplir aujourd'hui un nouveau pas vers la réalisation de ces améliorations génétiques. Il n'en fallait pas moins pour relancer les débats sur l'amélioration (*enhancement*) de l'être humain en leur donnant à nouveau une teinte génétique.

Certains scientifiques, comme George Church[31], qui sont partie prenante dans le développement de la technologie CRISPR/Cas9, sont en faveur de l'utilisation future de ces technologies pour l'augmentation génétique de l'être humain, dans la perspective d'une évolution positive de l'humanité. Les bioéthiciens utilitaristes comme Julian Savulescu[32] et John Harris[33] soutiennent fortement le

31. George MacDonald Church, né en 1954, chimiste, généticien et ingénieur en biologie moléculaire, notamment connu pour le livre *Regenesis, Comment la biologie synthétique va réinventer la nature et nous-mêmes*, qui présente un futur où le génie génétique aura amélioré la santé humaine et animale, accru notre intelligence, notre mémoire et allongé notre vie.

32. Julian Savulescu, philosophe et bioéthicien australien d'origine roumaine, titulaire de la chaire en éthique pratique à l'université d'Oxford, membre du St. Cross College d'Oxford, directeur du Oxford Uehiro Center for Practical Ethics, codirecteur du Wellcome Center for Ethics and Humanities.

33. John Harris, bioéthicien et philosophe britannique, professeur de bioéthique et directeur de l'Institut pour la science, l'éthique et l'innovation à l'université de Manchester.

principe de telles améliorations génétiques. Ils font l'apologie de ce qui permettrait d'améliorer physiquement et psychiquement l'humanité actuelle, sans toutefois parler de *transcender* l'humanité actuelle et sans chercher à en définir la normalité. Ils se sont davantage intéressés ces dernières années aux possibilités d'amélioration cognitive et morale de l'humanité.

Dépassant ce point de vue utilitariste sur les avantages que l'humanité pourrait tirer des nouvelles biotechnologies pour améliorer ses conditions physiques et psychiques, on trouve aujourd'hui tout un courant émanant des États-Unis qui soutient l'idée d'une amélioration biotechnologique de l'être humain, à un niveau nettement supérieur, transcendant. Ce courant défend l'idée que l'amélioration de l'être humain par les manipulations génétiques doit se faire au niveau de l'embryon humain : s'il s'agit de la correction *in vitro* des défauts génétiques de l'embryon, on parlera de « l'enfant parfait[34] ». Si on ajoute l'idée de modifier le génome du futur enfant pour qu'il corresponde au désir des parents, on parlera d'« enfant à la carte » (*designer baby*), créé sans anomalie et avec des caractéristiques morphologiques modelées selon le désir des parents[35]. Les deux concepts se rejoignent dans l'idée d'une prise de pouvoir génétique sur l'embryon humain, soit pour le purifier génétiquement en le corrigeant de ses erreurs génomiques, soit pour lui imposer des caractéristiques prédéfinies.

34. L'idée de l'« enfant parfait » plonge ses racines dans l'eugénisme de Francis Galton. Voir plus haut, p. 25 et suivantes.

35. Ce rêve était déjà très présent dans le *Meilleur des mondes* d'Aldous Huxley (1932). Huxley insistait alors sur le caractère quasi réalistique de sa fiction. Il publiera 25 ans plus tard *Retour au meilleur des mondes* (1958), dans lequel il témoignera de la convergence entre le monde réel et celui qu'il avait imaginé.

Dans les faits, le rêve du bébé parfait a commencé à se réaliser avec le développement de la fécondation *in vitro* (1978)[36], puis du diagnostic préimplantatoire (1989) pour la sélection morphologique et génétique des embryons humains.

Avec le développement du diagnostic génétique prénatal, conduisant à l'avortement dit « médical » lorsque l'enfant à venir présente une anomalie, s'est développée chez les couples une mentalité de crainte vis-à-vis de l'enfant à venir, avec le refus anticipé de toute anomalie ou de tout risque d'anomalie. Il s'installe ainsi aujourd'hui chez certains couples une tendance à ne plus recourir à une procréation naturelle, mais à passer, pour avoir une descendance, par une procréation artificielle systématique avec diagnostic préimplantatoire et sélection du meilleur embryon pour la reproduction.

Ce mouvement est encouragé par les bioéthiciens Julian Savulescu et John Harris qui prônent le principe de bienfaisance en procréation (*Principle of Procreative Beneficence*) selon lequel lorsqu'un couple fait des plans pour avoir un enfant, il a des raisons significatives de sélectionner au moyen du diagnostic préimplantatoire, de tous les enfants possibles qu'il pourrait avoir, l'enfant qui le plus vraisemblablement fera l'expérience du plus grand bien-être – c'est-à-dire l'enfant le plus avantagé, l'enfant qui a les plus grandes chances d'avoir la meilleure vie.

> Je soutiens que : (1) certains gènes qui ne sont pas liés à la maladie affectent la probabilité que nous menions la meilleure vie possible ; (2) avons

36. Technique mise au point par Edwards et P.C. Steptoe en 1978, avec la naissance le 25 juillet 1978 à Oldham, Royaume-Uni, de la petite Louise Brown.

> une raison d'utiliser les informations disponibles sur ces gènes dans notre prise de décision en matière de reproduction ; (3) les couples doivent sélectionner les embryons ou les fœtus qui sont les plus susceptibles d'avoir la meilleure vie, sur la base des informations génétiques disponibles, y compris les informations sur les gènes non pathologiques. Je soutiendrai également que nous devrions autoriser la sélection pour les gènes non pathologiques, même si cela maintient ou accroît l'inégalité sociale.Je me concentrerai sur les gènes de l'intelligence et de la sélection sexuelle[37].

John Harris, dans une perspective notablement conséquentialiste, soutient que les parents ont une obligation morale d'améliorer génétiquement leur enfant à naître[38]. Selon lui, la décision morale à prendre par les parents doit venir d'un rigoureux calcul empirique, du rapport coût/bénéfice de l'amélioration génétique prénatale. Si le bénéfice pour le futur enfant l'emporte, alors l'amélioration génétique doit être pratiquée.

---

37. Julian Savulescu, *Procreative Beneficence: Why We Should Select the Best Children*, 02 April 2004, consulté en ligne https://doi.org/10.1111/1467-8519.00251 : « I will defend a principle which I call Procreative Beneficence: couples (or single reproducers) should select the child, of the possible children they could have, who is expected to have the best life, or at least as good a life as the others, based on the relevant, available information ». I will argue that: (1) some non-disease genes affect the likelihood of us leading the best life; (2) we have a reason to use information which is available about such genes in our reproductive decision-making; (3) couples should select embryos or fetuses which are most likely to have the best life, based on available genetic information, including information about non-disease genes. I will also argue that we should allow selection for non-disease genes even if this maintains or increases social inequality. I will focus on genes for intelligence and sex selection.

38. John Harris, « Why human gene editing must not be stopped », in *The Guardian*, 2 décembre 2015.

On en vient donc à faire une obligation aux parents d'avoir le meilleur enfan. Ce mouvement se concrétise aujourd'hui dans la sélection embryonnaire sur des critères médicaux. Mais demain, pour peu que des modifications génomiques ciblées soient autorisées sur l'embryon humain, les parents passeront facilement d'un désir de *correction* de leur futur enfant au désir de *sélection* selon des paramètres de leur choix, à commencer par le sexe, la couleur de la peau ou des yeux, qui ne seront pas difficiles à contrôler dans l'état actuel de nos connaissances[39].

C'est donc dans les manipulations ciblées du génome que les partisans de « l'enfant à la carte » mettent aujourd'hui leurs espoirs. Les succès de l'application de CRISPR/Cas9 aux modifications de génome dans de très nombreuses espèces animales, y compris le porc et le singe, constituent de ce point de vue une forte base expérimentale préclinique[40].

Le risque existe qu'un relâchement des directives interdisant les modifications génétiques portant sur la lignée germinale soit suivi d'un développement rapide de la proposition de tels « *designer babies* », soutenu par un battage publicitaire opéré par des agents médicaux

39. Le biologiste américain Paul Knoepfler appelle « GMO Sapiens », le « genetically modified baby », cet enfant du futur « aménagé » aux désirs des parents par les modifications de génome appliquées *in vitro* à l'embryon humain avant son implantation utérine.
Https: //www.ted.com/talks/paul_knoepfler_the_ethical_dilemma_of_designer_babies?utm_campaign=tedspread&utm_medium=referral&utm_source=tedcomshare, consulté en ligne le 5 novembre 2021.

40. L'advenue du système CRISPR/Cas9 représente dans cette perspective une avancée à cause de son ciblage plus précis, guidé par l'ARN, à cause de ses capacités multiplex permettant de corriger plusieurs gènes en une seule étape, et à cause de sa grande simplicité qui le met à la portée des laboratoires les plus communs.

peu contrôlables et peu contrôlés[41]. Si, dans un pays où la médecine préventive des anomalies de l'enfant à naître et la procréation médicalement assistée sont déjà développées de façon extensive, la pratique d'une application de la modification ciblée du génome à l'embryon humain venait à être légalement autorisée dans les centres de PMA, celle-ci introduirait dans la société une exigence d'enfant à la carte et de refus de toute anomalie chez l'enfant à naître ou chez le nouveau-né.

État actuel des possibilités scientifiques d'amélioration de l'être humain

Si la pente glissante de l'enfant parfait est aujourd'hui largement servie par l'IMG, l'IVG, les diagnostics préimplantatoires et les techniques de procréation médicalement assistée, la requête pour l'enfant à la carte demeure cependant encore de l'ordre du rêve futuriste.

Les possibilités concrètes d'amélioration génétique de l'embryon humain qui visent à des transformations radicales de l'être humain, sont en effet d'un autre niveau et relèvent encore de projections utopistes. Des barrières bien concrètes s'élèvent encore : prouver l'innocuité des

41. Il suffit pour s'en convaincre d'observer la stratégie marketing offensive conduite par l'industrie procréatique pour développer la commercialisation de gamètes depuis le vote de la révision de la loi de bioéthique en 2021 et l'ouverture de la PMA aux femmes seules et aux couples de femmes, alors même que la commercialisation de gamètes est interdite en France. L'interdiction de la vente et de l'achat de gamètes se base sur le principe d'indisponibilité du corps humain, inscrit en France dans le Code civil depuis la loi de bio-éthique de 1994. Cf. https://www.coparentalys.com ; https://www.babydonors.com ; https://www.cryosinternational.com

insertions génomiques de certaines versions variables d'un même gène (allèles) conférant un avantage physique chez l'adulte ou l'enfant ; résoudre tous les risques médicaux associés à l'usage de CRISPR/Cas9 ; autoriser légalement le recours à des thérapies géniques germinales faisant appel à CRISPR/Cas9. Si ces étapes étaient levées dans le futur, alors seulement la question d'une application de ces allèles avantageux à l'embryon humain pourrait être posée, à condition que l'avantage apporté soit réel et n'ait pas d'effet adverse sur d'autres fonctions de l'organisme.

Évidemment, de telles pratiques poseraient de nombreuses questions éthiques, à commencer par celle du consentement informé. Les parents auraient-ils le droit de prendre sur eux pour leurs enfants non encore conçus une décision de modification génétique qu'aucun risque de pathologie ne viendrait justifier et aux conséquences difficilement prévisibles à long terme ? N'y aurait-il pas là un abus dans la décision ne tenant pas compte du bien réel de l'enfant ? D'un point de vue éthique, il y a un doute sur le respect d'au moins deux des principes fondamentaux de la bioéthique – l'autonomie du sujet et la non-malfaisance –, et ce doute impose l'abstention.

En tout état de cause, la requête pour une amélioration de l'embryon humain telle qu'elle vient de certains bioéthiciens utilitaristes et plus encore de la pensée transhumaniste, est encore à un niveau autre de ce que peut réaliser aujourd'hui la génétique moléculaire. Les grandes fonctions de l'organisme dépendent de l'interaction harmonieuse de milliers de gènes et leur modification dépasse aujourd'hui les capacités actuelles de la science. La question sort donc du domaine scientifique pour tomber dans celui du débat d'idées.

Contre le transhumanisme, redécouvrir le message éthique contenu dans l'être

S'il s'agit de projections utopistes, il est cependant urgent d'expliquer que ces techniques s'inscrivent dans la droite ligne de la pensée visant au perfectionnement de l'être humain qui avait commencé par l'eugénisme de Francis Galton et s'est amplifié avec les projections visionnaires de Haldane, Julian Huxley, Joshua Lederberg et Joseph Fletcher.

Il est nécessaire et même urgent de poser ces questions, car des développements peuvent se produire dans les sciences biologiques permettant demain ce qui paraît impossible aujourd'hui. Dans ce débat d'idées autour de l'*enhancement* émergent deux questions plus importantes ; celle de la normalité et celle de la justice sociale.

La notion de normalité – et donc de « supra-normalité » ou de transcendance de la normalité – à laquelle se réfèrent les partisans de l'amélioration humaine peut devenir un piège idéologique si elle mène à définir un seuil, établi sur certaines capacités de l'être humain, au-dessus duquel se trouverait l'humanité valable, à favoriser, et au-dessous duquel serait une partie inférieure de l'humanité, faite de malades psychiatriques, de porteurs de maladies génétiques, de personnes handicapées en tout genre, dont il faudrait freiner la propagation.

Le risque que fait courir la notion de normalité est de qualifier l'être humain en fonction de certains critères, cognitifs ou physiques, choisis d'ailleurs par ceux qui se donnent le droit de juger et d'estimer la valeur de leurs confrères en humanité. On sait quels ont été les tristes résultats de ce mode de pensée.

C'est là que le désir d'améliorer l'humanité tel qu'il est issu de l'eugénisme peut devenir une idéologie pernicieuse : il conduit à la dévalorisation de ceux qui ne pourront jamais bénéficier des améliorations que l'on imagine, ou qui n'en voudront pas.

Un point de vue anthropologique plus proche de la réalité est de considérer les êtres humains non pas en fonction d'un seuil de normalité qui remettrait en cause le degré d'humanité de ceux qui ne l'atteindraient pas, mais en fonction de ce que leur unique nature physique et spirituelle les porte à désirer, dans la diversité des cultures.

On nous rétorquera qu'il n'existe pas de *nature* humaine et que ce n'est qu'une construction sociale.

À cela, nous pouvons répondre qu'il existe bien une nature commune à tous les hommes, qui fonde leur humanité, *indépendamment* des représentations et des expériences que ceux-ci en font. La personne humaine est une réalité indivisible. Elle se caractérise dans le complexe corps-âme rationnelle qui lui donne la maîtrise de ses actes et la capacité de se gouverner en vue de la vérité et du bien. Sa nature n'est pas une construction sociale. Au contraire, elle distingue la personne humaine du reste du vivant : par son humanité, la personne est l'unique être en qui la vie devient capable de réflexion sur soi-même, d'autodétermination. Elle est l'unique être vivant qui a la capacité d'accueillir et de découvrir le sens des choses et de donner sens à ses expressions et à son langage conscient. Seule la personne humaine est dotée d'une liberté qui lui permet d'engager sa volonté pour choisir un bien déterminé par son intelligence. L'espèce humaine est bien un cas unique en son genre dans la totalité des écosystèmes existants. En chaque homme, en chaque personne humaine, le cosmos est dépassé, transcendé.

De plus, dans la multiplicité des conditions de vie, selon les lieux, les époques, les circonstances et les constructions sociales, il existe en tout homme une inclination vers des biens fondamentaux (tels que la connaissance, la vérité ou le bonheur par exemple) vers lesquels il se sent porté naturellement. Il serait incapable de fournir une explication autre que celle du bien à cet attrait fondamental de son cœur. Ces inclinations naturelles caractérisent son humanité. Bien sûr, leur application varie en fonction des hommes et à travers l'histoire. Cependant, ce sens moral originel est toujours en puissance de se réaliser dans ses actes.

Ce qui est général aux humains (leur humanité, précisément) leur est aussi commun. Or, ce qui est commun tend à rassembler plutôt qu'à diviser, rendant la tâche idéologique d'autant plus difficile. Pour légitimer le transhumanisme et la catégorisation des individus humains, il a fallu reléguer la notion même de nature humaine au rang d'imposture. Après tout, s'il n'y a pas d'humanité, alors la voie est dégagée, qui permet de faire des gens à peu près ce que l'on veut.

Face au transhumanisme qui cherche à qualifier l'humanité en fonction d'un seuil de facultés physiques ou psychiques, il est urgent de contempler la personne humaine dans tout ce qui fait sa noblesse et sa dignité. Il est urgent de proposer un modèle anthropologique complet qui prenne en compte les caractères corporels et spirituels que toute personne humaine possède *en puissance* de se réaliser.

Ce que l'homme désire fondamentalement est d'être et de vivre heureux. Il réalise d'abord ce désir au travers des relations qu'il tisse et entretient avec les autres êtres humains et plus fondamentalement avec Dieu, et non en devenant un surhomme sur le plan physique ou cognitif. Si l'homme s'appuie parfois légitimement sur des biens secondaires (même intrinsèques à la personne comme le sont les facultés physiques – la santé, la beauté par exemple – ou cognitives) pour poursuivre des biens fondamentaux, ces biens secondaires ne doivent pourtant jamais devenir le principe de son agir, au risque de vider la personne humaine de sa substance.

En revanche, si la vie humaine est accueillie comme un don gratuit sur lequel nous n'avons aucun droit, elle prend du même coup un caractère transcendant qui interdit de porter sur elle des jugements de valeur en introduisant des échelles d'appréciation de la « qualité de cette vie ». Pour cette raison, toute vie humaine est revêtue d'un caractère sacré, c'est-à-dire à qui l'on doit un respect absolu, qui s'impose par sa haute valeur primordiale.

Le second point important à considérer est celui de la justice sociale, distributive. Un avantage qui ne pourrait être acquis que par un petit groupe donné de personnes et dont l'accès serait réservé à ce groupe, devient un privilège qui suscite de fortes jalousies et rend la société dangereusement instable si l'avantage acquis par ce petit groupe de personne ne se justifie pas par le service particulier rendu à la société (en la défendant militairement par exemple, en faisant régner l'ordre ou encore en assurant une redistribution à peu près équitable des biens).

Lorsque l'avantage acquis est *purement matériel, extrinsèque*, il peut générer des jalousies, certes, mais on peut accepter qu'il soit momentanément le privilège de quelques-uns (les plus riches par exemple) parce qu'il n'est pas impossible qu'on puisse en bénéficier un jour soi-même.

Il n'en est pas de même au niveau des *biens corporels*, bien intrinsèques à la personne, qui sont une donnée de notre propre existence. Si une modification génomique pouvant conférer un avantage physique à la personne qui en a l'avantage était découverte, la première réaction des autres personnes vis-à-vis de cette amélioration serait probablement celle d'une envie-jalousie pouvant devenir destructrice.

On doit donc considérer les propositions d'une amélioration de l'être humain comme malsaines en elles-mêmes, témoignant d'une vision tronquée et déformée de ce qu'est l'être humain, et portant avec elles le risque d'une classification pernicieuse des personnes humaines selon une échelle de performances physiques ou cognitives. Réduit à sa dimension biologique, l'homme perd de son humanité. C'est le grand danger du transhumanisme : déprécier ce que nous sommes et nous faire ainsi oublier qui nous sommes. « Le transhumanisme est d'abord une détestation de l'humain », juge François-Xavier Bellamy. Car « vouloir tout changer, c'est haïr ce que nous sommes, ce que nous avons reçu ».

> Cet espoir d'un progrès n'est en réalité que le symptôme du mépris que nous exprimons envers l'être humain, analyse-t-il, si un humain 2.0 est nécessaire, c'est parce que l'humain 1.0 n'est pas assez bon[42].

L'idéologie transhumaniste commet une erreur anthropologique fondamentale en proposant à l'homme des buts d'ordre essentiellement physique ou cognitif et en faisant l'impasse sur sa nature relationnelle et sa dimension spirituelle. En faisant de ces biens secondaires une finalité, il désacralise la vie humaine, il reprend la promesse du serpent dans le livre de la Genèse : « Vous serez comme des dieux » (Gn 3,5).

***

42. François-Xavier Bellamy, in *Osservatore romano*, Alessandro Vergni, 20 janvier 2022.

3

Les études de genre

Il existe un second système de pensée contemporain qui bouleverse notre humanité en théorie comme en pratique : ce sont les études de genre. Leur projet : déconstruire l'identité sexuée et changer l'homme (à défaut d'avoir réussi à changer sa vie), construire un nouvel homme asexué. L'altérité, cette richesse de la biologie qui participe à humaniser l'existence humaine, est frontalement attaquée. Étant par essence différence, elle doit être supprimée au prétexte qu'une différence est une inégalité. Les tenants de la théorie du genre sont littéralement les penseurs du libéralisme ontologique désincarné. Le réel n'ayant pas de réalité en dehors des mots, place à l'utopie d'un monde composé d'individus indifférenciés et substituables grâce au retour à une prétendue indétermination sexuelle originelle. Les penseurs du genre, non contents d'avoir révolutionné l'anthropologie, ne s'arrêtent pas à la théorie : ils sont résolus à la mettre en pratique afin de transformer le monde. Ils utilisent habilement à cette fin de puissants relais d'influence éducatifs, culturels et médiatiques.

On a longtemps considéré la théorie philosophique du genre comme la lubie d'une poignée d'intellectuels extravagants en mal d'amour et d'estime de soi. Pourtant, le mouvement qui s'est structuré aux États-Unis dans les années soixante-dix et quatre-vingt est aussi loin d'être sans racine qu'isolé et marginal aujourd'hui. Son origine est ancienne : l'interrogation sur la part des données de la nature et celle de la culture dans l'élaboration des identités sexuelles hante l'histoire du genre humain. Et son rayonnement fut aussi rapide que généralisé. Il a gagné les cercles universitaires, les milieux éducatifs, les médias et le monde de la culture avec la force d'un raz-de-marée. Il a pris une ampleur telle qu'il semble en passe de devenir un postulat indéniable pour la vie affective et sexuelle de la majorité des jeunes.

> Cette pensée dépasse le cadre universitaire pour traverser tout le corps social, suscite polémiques et anathèmes, tétanise les politiques, influence la bioéthique, vante l'écriture inclusive, oriente les enseignements et se prend à rééduquer ceux qui douteraient de la nécessité de reconsidérer les rapports entre les deux sexes[1].

Les demandes de changement de sexe chez les mineurs sont en très forte augmentation en France, dans le sillage des pays anglo-saxons. Effet de mode, inquiétant phénomène d'embrigadement ou conquête de nouvelles frontières de l'identité ? Les cas d'enfants, d'adolescents et de jeunes adultes qui pensent ne pas être nés dans le bon genre et veulent changer socialement ou médicalement de sexe se sont multipliés ces dernières années.

Mais peut-on impunément prétendre changer de sexe ? N'est-ce pas une forme de mutilation irréversible ?

1. Jean-Marc Albert, « L'idéologie du genre ou la haine de soi », in *Valeurs Actuelles*, 28 août 2021.

La réalité biologique et hormonale ne se rappelle-t-elle pas sans pitié aux personnes transgenres ? Il suffit pour s'en convaincre de lire le témoignage des personnes en phase de détransition qui arrêtent complètement ou temporairement un processus de transition de genre[2].

D'autre part et surtout, adhérer à la théorie du genre n'est-elle pas le signe d'une haine de soi, de son corps, et plus largement de l'humanité en tant que telle ? N'est-elle pas avant toute chose l'expression d'un mépris de la condition humaine et de sa finitude ? N'est-il pourtant pas légitime d'essentialiser l'homme, quoique cette aspiration soit devenue condamnable ?

Il est urgent d'apporter ouvertement une réponse à ces questions que pose la théorie du genre du point de vue de la philosophie et de l'épanouissement de la personne humaine.

Enfin, la théorie du genre est-elle scientifiquement exacte, c'est-à-dire correspondant à un constat d'ordre biologique, comme le prétendent ses promoteurs ? Car ceux-ci, en même temps qu'ils clament que la *théorie* du genre n'existe pas en tant que doctrine, s'attachent à la rendre indiscutable en la fondant sur la reconnaissance scientifique des *études* de genre. Celles-ci seules existeraient, en tant que « confiées à des chercheurs qui dissèquent comment les inégalités se forment entre les

2. Dans le domaine du genre, la transition est le fait de modifier son expression de genre, ce qui implique pour une personne des changements sociaux (nom d'usage, vêtements, pronoms), légaux (nom légal, genre) et/ou médicaux (hormonosubstitution, chirurgie de réattribution sexuelle), pour être en accord avec son genre ressenti, différent de celui assigné à sa naissance. La détransition (ou retransition) est le processus qui arrête (complètement ou temporairement) la transition. Ceux qui s'engagent dans ce processus sont nommés « détransitionneurs » ou « désisteurs ». La détransition implique un arrêt et une inversion de la transition, par exemple par l'arrêt de l'hormonosubstitution ou le retour aux prénom et pronoms pré-transition.

deux sexes[3] ». Les promoteurs du genre s'appuient donc sur l'autorité de l'argument scientifique. Ils empêchent tout débat en opposant factuellement la solidité des analyses empiriques à la fragilité d'une supposée doctrine, en opposant la science à l'idéologie. Mais que penser de la validité scientifique des études de genre ? Se sentir femme dans un corps biologique masculin – ou *vice versa* – ne relève-t-il pas de la divinisation des déterminations de l'esprit, qu'il s'agisse d'idées, de représentations mentales ou de déterminations plus subjectives comme les expériences sensibles ou les sensations ? Nul ne nie que le psychisme et d'autres éléments, notamment culturels, entrent aussi en ligne de compte dans la nature des identités féminine et masculine. Mais ne s'agit-il pas d'un sujet qui relève de la psychologie ou d'autres domaines, et non de la biologie ? Est-il honnête de laisser penser que ce qui n'est qu'une théorie serait attesté par une science exacte ?

Pour bien comprendre les questions nouvelles posées par les études de genre et leur retentissement gigantesque sur la société tout entière et les individus en particulier, il convient de revenir à la source de cette idéologie.

Les filiations du genre

Depuis la nuit des temps, les hommes s'interrogent sur l'origine de la différenciation des sexes, sans pourtant que nul ne pense à la remettre en cause. Longtemps, du moins depuis l'Antiquité, la différence de nature a justifié le lien inégalitaire entre les deux sexes. Le christianisme médiéval fut plus modéré et a valorisé la singularité

3. « Filles-Garçons, Najat Vallaut-Belkacem refait le match », *Le Point*, 20 juin 2013, n° 2127, entretien réalisé par Emmanuel Beretta.

féminine précisément par sa distinction avec l'autre sexe, mais il restait influencé en biologie par la doctrine antique des humeurs du corps et des tempéraments qui expliquait alors une forme d'incomplétude des femmes soumises à leur nature. Ainsi,

> de Corneille, Agrippa à Condorcet en passant par Fénelon et Louise d'Épinay, tous font-ils état d'une infériorisation féminine liée au manque d'éducation, mais aucun ne cherche à « troubler le genre ». Médecins, penseurs et juristes des Lumières s'emploient à rationaliser cette infériorité informelle avant que la Révolution ne la légalise[4].

C'est à partir du XIXe siècle et surtout au XXe siècle que les choses s'accélèrent. Deux mouvements orientés vers des changements sociaux et politiques majeurs vont commencer à s'établir, qui auront une responsabilité considérable dans la formalisation de la théorie du genre : le féminisme d'abord, puis l'homosexualité militante.

Le féminisme se structure lentement à partir de la Révolution industrielle du XIXe siècle. La première vague féministe (de la fin du XIXe siècle jusqu'à la moitié du XXe siècle environ) est majoritairement essentialiste : elle considère encore qu'hommes et femmes sont différents par essence, c'est-à-dire que leur nature (féminine ou masculine) détermine non seulement leur physiologie, mais aussi dans une certaine mesure l'être et l'agir. Le premier combat des femmes est donc celui pour obtenir le droit de vote, et plus largement des réformes assurant l'égalité juridique des femmes avec les hommes. L'objectif fédérateur de ce mouvement est bien de conquérir des droits

4. Jean-Marc Albert, *op. cit.*

précis (droit de vote, droit au travail…), mais la majorité des féministes d'alors ne remet pas fondamentalement en cause l'altérité des sexes. Au contraire, une grande partie d'entre elles revendique plus de considération pour les femmes dans leurs singularités : douceur, respect de la vie, compassion, altruisme et en particulier la maternité qu'elles veulent voir reconnue et protégée.

Seules quelques féministes précurseurs remettent en question ces normes, souhaitant sortir du rôle de mère ou le faire passer au second plan. Les socialistes ne sont pas spécialement avant-gardistes sur cette question. La plupart d'entre eux parlent de « double tâche sociale de la femme » : production et reproduction (celle-ci reposant sur une spécificité biologique des femmes). Cela les conduit à stigmatiser les revendications égalitaristes de certaines féministes. Il y a cependant des exceptions, comme le socialiste August Bebel qui estime en 1879 que, au terme de son émancipation, « la femme voudra jouir de son indépendance et non passer la moitié ou les trois quarts de ses belles années en état de grossesse ou avec un enfant au sein[5] ». Ou Madeleine Pelletier qui critique amèrement le conformisme des femmes, y compris les féministes de son temps, et le rôle de genre qui leur est assigné :

> Les femmes, même après la réalisation du féminisme tel que nous le concevons, resteront donc des femmes, comme les hommes resteront des hommes. Ce que nous voulons supprimer, ce n'est pas le sexe féminin mais la servitude féminine, servitude que perpétuent la coquetterie, la retenue, la pudeur exagérée, les

5. August Bebel, *La Femme et le socialisme*, trad. Henri Ravé, Paris, 1891, p. 360.

> mièvreries de l'esprit et du langage ; toutes choses qui ne sont en aucune façon des caractères sexuels secondaires, mais simplement les résultats de l'état de dépendance physique et morale dans laquelle les femmes sont tenues[6].

Cependant, la première approche du féminisme reste essentiellement juridique : il s'agit de conquérir des droits pour les femmes. Elle se fond dans le système socioculturel. Mais cette approche juridique de la question prépare le terrain au renversement philosophique et culturel de la place de la femme dans la société. Les Trente Glorieuses seront l'occasion d'un renouveau profond du féminisme. À partir du milieu des années soixante et pendant les années soixante-dix, un nouveau féminisme fait surface, qui rejette frontalement l'égalité devenue suspecte « dans » le système.

Sociologiquement d'abord : le cadre de vie dans lequel grandissent les filles nées après le *baby-boom* n'est plus linéaire comme par le passé. Il est autrement plus complexe et éclaté. Les femmes pèsent de plus en plus sur le marché du travail et à l'université. L'accès à l'éducation et l'autonomie financière vont nettement participer à accélérer le mouvement d'émancipation féministe.

Culturellement, la fin des années soixante est par ailleurs marquée par une forte vague de changements qui vont remettre en question certaines des perspectives les plus fondamentales dans la pensée éthique de la civilisation occidentale. Les années soixante et soixante-dix sont en effet celles de la « révolution sexuelle » qui est une révolution culturelle considérable avec, notamment,

6. Madeleine PELLETIER, « Les Femmes et le féminisme », *La Revue socialiste*, janvier 1906.

la libéralisation de l'avortement et la généralisation de la contraception. La dépénalisation de l'avortement est d'abord légalisée en Grande-Bretagne en 1967 puis aux États-Unis en 1973. Elle se diffuse ensuite très rapidement dans tous les pays industrialisés, et, de là, au monde entier. La pilule œstro-progestative, quant à elle, est développée en 1958 aux États-Unis par le médecin américain Gregory Pincus. En mai 1960, la Food and Drug Administration donne son feu vert pour la mise en vente de la première pilule contraceptive. En 1963, la pilule anticonceptionnelle compte déjà plus d'un million d'utilisatrices à travers le monde… Ces deux révolutions révèlent un retournement philosophique complet du point de vue de la corporéité (c'est mon corps, mon corps m'appartient). Elles sont aussi le signe d'une forme de nominalisme qui rejette l'existence d'une nature biologique stable que l'humanité recevrait comme telle, et contre laquelle, au contraire, tout se transformerait et se créerait de volonté d'homme. Elles sont enfin une transgression majeure du seul principe universellement reconnu jusque-là : tu ne tueras pas. Alors qu'il était inconcevable qu'une mère assistée d'un médecin puisse supprimer délibérément l'enfant qu'elle porte en son sein quelles que soient les circonstances, on avance désormais l'idée que les circonstances (encore exceptionnelles) peuvent justifier de lever cet interdit fondamental, et on revendique que le droit de disposer du corps l'emporte sur la vie en devenir de l'enfant à naître.

On le comprend donc, le féminisme connaît alors un profond renouveau : le mouvement féministe qui s'était finalement fondu dans la réalité socioculturelle pendant près d'un siècle, se heurte désormais violemment à l'héritage culturel occidental. Les revendications s'exacerbent : elles embrassent désormais toutes les questions de l'oppression de la femme, dans la famille, la sexualité, le travail, la société, la culture, la politique… Dans le sillage de Mai 68 et des revendications de la révolution sexuelle des années soixante-dix notamment autour de la maîtrise de la maternité, la nouvelle génération va être porteuse d'un mouvement féministe radical (la « deuxième vague ») en confrontation avec la domination masculine.

Pour les féministes de cette deuxième vague, aucune égalité entre les sexes ne peut être obtenue à l'intérieur du présent système « patriarcal », sinon quelques compromis temporaires qui seraient perpétuellement menacés. Pour la plupart, la solution est donc de renverser le patriarcat, et d'instaurer de nouvelles valeurs et de nouveaux rapports entre les sexes.

Le féminisme radical naît aux États-Unis avec la création du Women's Lib (Women Liberation movement). Le mouvement est alors fortement lié à l'émergence des mouvements de revendication des droits individuels et plus particulièrement au mouvement pour les droits civiques des personnes de couleur dans lequel de nombreuses femmes sont investies par identification à une autre catégorie d'opprimés. L'une des figures centrales du mouvement féministe radical, la canadienne Shulamith Firestone, reconnaît ces interactions, mais elle soutient que les vagues du féminisme ont leur dynamique propre :

> Il serait faux de vouloir attribuer la résurgence du féminisme à la seule poussée d'autres mouvements et d'autres idées. Car même s'ils ont pu agir comme un catalyseur, le féminisme a en réalité acquis une force cyclique qui lui est propre. Dans l'interprétation historique qui est la nôtre, le féminisme est l'inévitable réponse des femmes au développement d'une technologie devenue capable de les libérer de la tyrannie

> de leur rôle sexuel et reproducteur – c'est-à-dire capable non seulement de les libérer de leur conditionnement biologique fondamental, mais aussi du système sexuel de classes construit sur ce conditionnement et destiné à l'accentuer encore[7].

Le courant féministe radical considère en effet que les femmes sont opprimées par les hommes alors qu'elles ne seraient en rien différentes : en somme, il s'agit d'un combat pour libérer la femme de structures asservissantes prétendument créées par la nature et renforcées par l'homme. Il favorise l'émergence progressive d'un autre mouvement encore minoritaire mais de plus en plus influent, le mouvement de revendication des droits homosexuels, qui considère que l'hétérosexualité n'a aucune raison d'être la norme et qu'il n'y a pas de différence irréductible entre les hommes et les femmes par nature.

En France, le féminisme radical est porté par le Mouvement de libération des femmes (MLF) symboliquement né le 26 août 1970 lors du dépôt d'une gerbe de fleurs par neuf militantes sous l'Arc de Triomphe avec inscrit sur la banderole : « Il y a plus inconnu que le soldat inconnu, sa femme. » En 1971 est publié le manifeste des « 343 salopes » déclarant avoir avorté et demandant l'accès à l'avortement libre. Suite à la lutte du MLF, la loi Veil sur l'avortement sera adoptée en 1975. Le Mouvement de libération des femmes veut « infléchir, dit Bérénice Levet, les relations des hommes et des femmes dans le sens d'une égalisation des conditions[8] ».

7. Shulamith Firestone, *La Dialectique du sexe, Le dossier de la Révolution féministe*, trad. Sylvia Gleadow, ch. 2 : « Le féminisme aux États-Unis », Paris, Stock, 1972.

8. Bérénice Levet, *La Théorie du genre ou le monde rêvé des anges*, Paris, Grasset, 2014, 239 p.

On voit donc émerger dans les années soixante-dix ces deux mouvements (féminisme radical et homosexualité militante) jusque-là minoritaires, qui vont désormais revendiquer avec beaucoup d'influence leurs droits à l'échelle des États, puis à l'échelle mondiale.

Rapidement cependant, le féminisme radical se divise en différents courants : féminisme matérialiste, féminisme différentialiste, féminisme marxiste, féminisme lesbien… Sur le plan sociologique, le marxisme commence à être dépassé : on admet qu'il n'existe plus une seule grille d'analyse, celle des luttes des classes, capable d'expliquer à elle seule les phénomènes d'oppression dans la société. La catégorie « femme » serait à elle seule trop limitée pour être homogène. C'est le début de la convergence des luttes pour l'égalité sexuelle.

À partir des années quatre-vingt, partant des États-Unis, la troisième vague du féminisme est portée par des militantes issues de groupes minoritaires (femmes racisées, lesbiennes, prostituées…) : elles critiquent le féminisme radical traditionnel qui aurait laissé de côté beaucoup de femmes ne se reconnaissant pas dans la catégorie homogène de « femme ». De ces critiques diverses émerge la notion d'intersection entre diverses oppressions : de sexe, de classe, de race, d'orientation sexuelle… L'intersectionnalité est née, ainsi que l'entrée du questionnement de genre et de l'identité sexuelle dans une démarche politique et militante.

Si le féminisme a préparé le terrain à l'utilisation conceptuelle du genre à des fins politiques, ce n'est pas à lui que l'on doit l'invention du concept de genre. Le questionnement de Genre a des racines plus vastes que sa formalisation militante finalement assez tardive. Philosophiquement, les études de genre – *gender studies* en anglais – trouvent leur origine dans la longue histoire des idées. À la source de l'idéologie du genre, on trouve en effet l'idéalisme qui ramène l'être à la pensée subjective, le nominalisme pour lequel l'individu doit s'engager dans la négation de ce qui existe en dehors de lui ou de ce qui est donné par la nature afin d'exercer ses droits et sa liberté, et enfin la pensée relativiste qui voudrait effacer la distinction des sexes pour laisser à chacun la possibilité de s'émanciper de sa propre nature. Comme le transhumanisme et l'antispécisme, les études de genre naissent de la convergence entre ces courants de pensée et s'opposent frontalement à la philosophie réaliste qui affirme l'existence d'une nature stable et son indépendance de notre esprit (le monde est une chose et les représentations que nous nous en faisons en sont une autre).

À partir du XIXe siècle, la question des personnes transgenres, sans que le mot soit ainsi formulé, trouble en Occident les conceptions sur le sexe et la sexualité : en 1863, sous le pseudonyme de Numa Numantius, le journaliste allemand Karl Ulrichs publie ses *Recherches sur l'énigme de l'amour entre hommes*. Dans ce texte militant où la notion de troisième sexe est introduite, il définit comme « Uraniens » ou « Uranistes » ceux qui sont nés avec « une âme de femme dans un corps d'homme ». Toutefois, la question du genre se confond alors avec l'orientation sexuelle, les hommes homosexuels étant perçus comme efféminés.

Les travaux de Margaret Mead[9] datant de 1935 et portant sur la sexualité dans les cultures traditionnelles de l'Océanie et de l'Indonésie joueront un rôle précurseur. Ils contribueront largement à la révolution sexuelle des années soixante. Dans *Sex And Temperament In Three*

---

9. Margaret Mead, *Sex and temperament in three primitive societies*, New York, William Morrow and Company, 1935.

Primitive Societies, Margaret Mead souligne l'existence d'un large éventail de rôles sexuels. Elle affirme que les traits de caractère et le comportement des hommes et des femmes résultent de conditionnements sociaux. Elle insiste sur le facteur culturel qui entre dans la construction des identités sexuées, sans pour autant rompre le lien avec la nature. Selon elle, la relativité des cultures est fondamentale. Hommes et femmes jouent à être des hommes et des femmes, mais ils ne sont pas absolument différents : la nature, en quelque sorte, servirait de support à une interprétation culturelle des rôles. Mead utilise le concept de « rôle sexué » qui distingue pour la première fois le rôle social et le sexe. Cette notion de « sexe social » est l'ancêtre direct de l'idée de genre. Cependant, Margaret Mead reconnaît que toutes les civilisations sont construites à partir du donné biologique de la condition humaine qu'est le sexe.

Le concept de genre, quant à lui, est forgé et s'impose dans le contexte médical avant de devenir un concept majeur de la pensée féministe. Dans les années cinquante, en parallèle des revendications féministes et homosexuelles encore minoritaires, la médecine s'intéresse aux cas très rares d'hermaphrodisme (connu aujourd'hui sous le vocable d'intersexualité) constaté chez des enfants : dans certains cas d'anomalies du développement, il n'est pas possible de dire de prime abord si le nouveau-né est de sexe masculin ou féminin (on n'était pas encore en mesure, à ce moment-là, d'étudier le patrimoine génétique du nouveau-né). Puis les psychiatres s'intéressent aux cas – également rares – de personnes dont l'identité psychique ne correspond pas au sexe biologique (transsexualité).

Les noms de John Money et Robert Stoller doivent être mentionnés. John Money est psychologue et sexologue, spécialisé dans le traitement de l'hermaphrodisme.

Selon lui, l'intersexualité est bien une erreur de la nature : il est inconcevable qu'une personne puisse vivre avec cette indétermination sexuelle. Il s'agit donc pour le médecin de « traiter » cette anomalie en décidant avec les parents de l'identité dans laquelle l'enfant grandira afin de le sortir de l'ambiguïté sexuelle (avec traitements hormonaux, opérations chirurgicales si nécessaires et suivi psychologique adéquat). Le rôle des parents est reconnu comme essentiel pour inscrire l'enfant dans les normes et les codes sociaux de son sexe d'identification choisi. La méthode thérapeutique de John Money ne fait pas débat dans les années cinquante (elle est aujourd'hui contestée vivement, à raison, et les personnes intersexuées (hermaphrodites) la dénoncent comme une brutale « réassignation sexuelle »).

Le cas des personnes hermaphrodites est évidemment très délicat. L'objectif de Money est de médicaliser l'intersexualité : il veut rendre compte médicalement d'un décalage chez certains patients, soit entre différents niveaux de sexuation (sexe génétique différent du sexe génital, cas d'hermaphrodisme), soit entre le donné biologique et le vécu psychique (un homme se sent et se voit comme une femme, cas de trouble de l'identité sexuelle renommé transsexualisme). En comparant le développement de personnes hermaphrodites rigoureusement identiques sur le plan biologique, mais élevées les uns comme garçons et les autres comme filles, Money se persuade du primat de l'éducation et de l'environnement social sur le donné biologique chez les personnes hermaphrodites élevées avec un sexe d'identification choisi (à l'époque des expérimentations de Money, les codes et les normes sexuelles sont un socle commun incontesté). Son travail d'expérimentation le convainc de la fluidité de l'identité sexuelle de naissance. John Money formule pour la première fois en 1955 une définition des rôles de genre (*gender roles*) dans une de ses études sur l'hermaphrodisme. Selon la conception de John Money, la notion de genre permet de nommer l'écart entre le rôle social sexué et l'assignation biologique des sexes quand celle-ci est ambiguë[10].

Money voulut ensuite vérifier expérimentalement sa théorie d'un primat de l'éducation sur le biologique sur un cas non pathologique. Travaillant sur le cas des jumeaux Bruce et Brian Reimer, il préconise pour Bruce, dont le pénis a été carbonisé par une circoncision ratée, une « réattribution sexuelle », persuadé qu'après l'ablation des testicules et un traitement hormonal, en étant élevé comme une fille, Bruce deviendrait une femme. À l'adolescence, Brenda-Bruce refuse la vaginoplastie et se fait de nouveau opérer pour redevenir un garçon. Bruce finit par se suicider en 2004, deux ans après son jumeau. Le récit de cette sordide expérimentation invalide cruellement la thèse du genre et de la plasticité de l'identité sexuelle de naissance : Bruce Reimer n'acceptera jamais son identité de réassignation. D'autant que, paradoxalement, alors que Money rejette le postulat biologique dans la construction de l'identité, il ne se prive pas de modifier organiquement le corps sexué de Bruce en lui faisant subir des opérations affectant les organes génitaux et en lui prescrivant des traitements hormonaux : il serait donc intolérable d'être dépendant de la condition du corps, mais tolérable de dépendre de sa modification, quitte à le maltraiter, pour mieux s'en délivrer.

Quelques années plus tard, c'est un psychiatre américain, Robert Stoller, qui reprendra le postulat du genre édicté par John Money. Robert Stoller s'intéresse au cas des personnes transsexuelles, qui ont le sentiment

---

10. Éric FASSIN, « L'Empire du genre. L'histoire politique ambiguë d'un outil conceptuel », *L'Homme*, vol. 3-4, n°s 187-188, 2008, p. 375-392.

d'appartenir au sexe opposé à leur sexe biologique, chez qui il existe un écart entre l'identité sexuelle biologique et la représentation que ladite personne se fait de son identité sexuée. Dans ce contexte, il s'approprie le concept de genre élaboré par Money. En 1964, il formule la notion d'identité de genre (*gender identity*[11]). Il s'agit de différencier le genre de l'orientation sexuelle, les personnes transgenres des homosexuels. À partir des cas cliniques qu'il a pu analyser, Stoller conclut comme Money : « les aspects de la sexualité que l'on appelle le genre sont essentiellement déterminés par la culture, c'est-à-dire après la naissance[12] ». Même si son approche est purement psychanalytique, les conclusions de ses études viennent confirmer les études de genre telles qu'elles seront ensuite formalisées : la problématique du genre telle que nous la connaissons aujourd'hui est née. Il s'agit de distinguer l'appartenance biologique à un sexe et le développement du sentiment subjectif d'identité sexuelle.

Dans ces travaux psychiatriques, la distinction entre genre et sexe naît comme une réponse à un constat d'anomalie, la norme étant que tous les éléments de l'identité sexuelle d'une personne soient en continuité[13]. En voulant penser la pathologie, la psychiatrie a donc introduit une différence conceptuelle entre le sexe biologique et l'identité sexuelle. Malheureusement, à partir de ces troubles de l'identification sexuelle qui relèvent de cas isolés et minoritaires (pour ne pas dire marginaux), on a tiré une règle

---

11. Robert Stoller, *Sex and Gender: On the Development of Masculinity and Femininity*, Science House, New York, 1965. Publié en France sous le titre *Recherches sur l'identité sexuelle à partir du transsexualisme*, Coll. Connaissance de l'inconscient, Paris, Gallimard, 1979, 408 p.

12. *Ibid.*, p. 15.

13. Thibault Collin, « La théorie du genre pour les nuls », in *Le Figaro*, 4 février 2014.

générale. De l'exception médicale est née la règle générale aujourd'hui promue.

Il faudra attendre les années soixante-dix pour que les penseurs féministes reprennent le concept de genre élaboré dix ans plus tôt par les psychanalystes. L'affaire est trop bonne pour le combat féministe : « Si la nature n'entre pour rien dans l'identité des hommes et des femmes, alors c'est l'autorité même du principe sur lequel reposent les sociétés qui s'érode[14]. » Si le mot genre est repris, les penseurs féministes radicaux s'éloignent catégoriquement des conceptions psychiatriques qui abordaient la notion de genre dans une logique normative, pour décrire une anomalie, indépendamment de toute hypothèse substantielle. L'objectif est désormais de faire du genre un outil critique qui serve à « débiologiser » le sexe (on pardonnera le néologisme) et à remettre en cause la répartition des rôles sociaux attribués aux hommes et aux femmes : le terme de genre servira à dénaturaliser la féminité, à transformer cette catégorisation jugée normative en outil critique.

Le genre s'inscrit dans la perspective sociologique et critique de Simone de Beauvoir, Michel Foucault et Jacques Derrida. Dans les années cinquante en France, Simone de Beauvoir commence cette entreprise féministe de dénaturalisation du sexe avec son ouvrage *Le Deuxième Sexe*. Simone de Beauvoir est incontestablement le maître à penser du genre, bien que le mot n'apparaisse pas dans ses écrits. Elle y explique comment la civilisation et l'éducation agissent sur les enfants pour les orienter dans un rôle masculin ou féminin alors même, affirme-t-elle, que filles et garçons ne sont pas initialement distinguables : le féminin et le masculin n'auraient pas d'essence, ils ne seraient que produits par la civilisation.

---

14. Bérénice Levet, *op. cit.*, p. 65.

> On ne naît pas femme : on le devient. Aucun destin biologique, psychique, économique ne définit la figure que revêt au sein de la société la femelle humaine ; c'est l'ensemble de la civilisation qui élabore ce produit intermédiaire entre le mâle et le castrat qu'on qualifie de féminin », écrit-elle, et plus loin : « En tant qu'il existe pour soi, l'enfant ne saurait se saisir comme sexuellement différencié[15].

Simone de Beauvoir donne à la future théorie du genre son appui conceptuel. Profondément influencée par l'existentialisme sartrien, elle ne donne aucun droit au donné de l'existence : pour elle, comme pour Sartre, existence et essence ne peuvent s'harmoniser. Il relèverait du salut de l'humanité de libérer les individus de l'impérieuse injonction de la nature. Ce sera donc le *devenir* (le fait de passer d'un état à un autre) contre la *naissance* (l'origine par le sang, l'extraction d'une personne), l'*invention de soi* contre la *nature* (l'état naturel et constitutif des choses). Mais le féminisme français retiendra de Beauvoir la seule nécessité de *s'émanciper* de la nature, non la *négation* de cette nature. Il faudra attendre la troisième vague du féminisme américain dans les années quatre-vingt-dix, avec les féministes du genre, pour que s'accomplissent pleinement les intuitions de Simone de Beauvoir qui étaient pour ainsi dire restées partiellement inexploitées en France.

Le philosophe Michel Foucault reprend aussi ces questions du féminisme, des pratiques sexuelles, ainsi que des mécanismes d'assignation sociale et sexuelle et de leurs effets sur les comportements et les rapports sociaux. Ce qui est fondamental pour lui, c'est de pouvoir remettre

15. Simone de Beauvoir, *Le Deuxième Sexe*. t. 2, *L'expérience vécue*. Paris, Gallimard, 1949, p. 13 et 48.

en question les relations sociales qui s'imposent comme naturelles, évidentes et allant de soi. Le couple, la parenté ou encore la filiation sont pour Foucault des inventions récentes, de même que l'amour ou l'amitié. Dans son inachevée *Histoire de la sexualité*[16], il contribue à dénaturaliser et à politiser la sexualité en montrant qu'elle est porteuse d'injonctions normatives. Michel Foucault ne s'intéresse pas aux études de genre : de son vivant, elles émergent à peine outre-Atlantique. Cependant, il montre dans ses travaux comment le droit et la morale ont contribué à l'élaboration d'une norme du masculin et du féminin[17]. Selon Michel Foucault, le pouvoir n'est pas seulement la prérogative régalienne de l'État. Il est partagé en micro-pouvoirs qui irriguent le corps social et qui sont animés d'une volonté farouche de normalisation pour mieux dominer les individus. La différence des sexes est l'un des moyens de ces micro-pouvoirs, en tant qu'instrument pluriséculaire de la domination patriarcale des hommes sur les femmes et sur les minorités sexuelles. Michel Foucault s'engage aux côtés de mouvements militants pour une réforme des droits civiques des personnes homosexuelles et des autres minorités sexuelles, ce qui servira de terreau politique aux études de genre à moyen terme. « Nous devrions considérer la bataille pour les droits des gays comme un épisode qui ne saurait

16. Michel Foucault, *Histoire de la sexualité*, Paris, Gallimard, 3 vol. 1976-1984.

17. *Id.*, préface pour l'édition américaine des *Mémoires d'Herculine Barbin*, in *Dits et écrits*, n° 287.

représenter l'étape finale[18] », dira-t-il. Sa pensée est considérée comme « une préhistoire des *gender studies*[19] ».

Jacques Derrida, quant à lui, introduit le concept de déconstruction. Il est certainement le père du wokisme. Jacques Derrida est profondément idéaliste : le réel n'a de réalité que par les discours que l'on tient sur lui. Il ramène donc l'être à la pensée subjective. Le mouvement de déconstruction consiste donc surtout à déconstruire le discours, à commencer par le discours anthropologique et la métaphysique traditionnelle, afin de signifier aux dominés qui n'ont pas la parole que ces discours ne sont que des fictions racontées par les dominants pour asseoir leur pouvoir. Il s'agit d'abord de déconstruire un discours dominant plutôt que de le remplacer par un autre. Les théoriciens du genre emprunteront cette méthode à Jacques Derrida : la différence des sexes fondée sur la nature serait avant toute chose un habile subterfuge de la pensée qu'il faut s'appliquer à détruire. Il n'y aurait ni homme ni femme biologique, mais seulement des discours sur la féminité et la masculinité. L'influence de Jacques Derrida est particulièrement visible dans le combat institutionnel mené par les partisans du genre, combat qui se caractérise par une virulente traque de tous les signes sémantiques de distinction des sexes, puisque c'est d'abord en déconstruisant le discours que l'on s'assurera la victoire.

En 1972, la sociologue anglaise Ann Oakley reprend la thèse de Simone de Beauvoir ainsi que celles de Michel

18. Michel Foucault, « Le triomphe social du plaisir sexuel », in *Dits et écrits*, vol. 2, n° 313, Paris, Gallimard, 2001, p. 1127.

19. Éric Fassin, « De l'homosexualité au problème du genre », in Fabien Trécourt, in *Michel Foucault, L'homme et l'œuvre, Héritage et bilan critique,* Ouvrage coordonné par Héloïse Lhérété, coll. La Petite Bibliothèque de Sciences Humaines, Auxerre, Sciences Humaines, 2017, p. 91-95. Auxerre, éd. Sciences Humaines, 2017

Foucault et Jacques Derrida en leur adjoignant le concept de genre élaboré par John Money et Robert Stoller :

> Le mot *sexe* se réfère aux différences biologiques entre mâles et femelles [...]. Le *genre*, lui, est une question de culture : il se réfère à la classification sociale entre masculin et féminin[20].

Si donc la nature n'est pour rien dans les rôles qui sont assignés aux hommes depuis la nuit des temps, alors les femmes doivent être reconnues comme les égales des hommes et libérées de tout rôle stéréotypé. La société est responsable, et les hommes en particulier. À eux d'assumer leur responsabilité et de corriger le tir. Désormais, de médicale et philosophique qu'elle était, la question du genre devient politique.

Dans les années quatre-vingt aux États-Unis, la question de la transidentité ajoutera encore une couche à la politisation du genre, avec l'émergence de la mouvance *trans* qui se présentera comme le mouvement abouti de libération de l'identité sexuelle.

En près d'un siècle, le féminisme a donc fragilisé la réalité de l'identité *sexuée* en mettant en cause son influence normative et abusive sur l'organisation des sociétés, sans nier sa réalité pour autant : le féminisme originel veut s'émanciper de la nature, mais ne veut pas sa négation. Puis, peu à peu, le mouvement homosexuel s'applique à remettre en cause le lien naturel causal entre sexe biologique et sexualité (désir de l'autre sexe). Le mouvement homosexuel est le fer de lance de la reconnaissance de la sexualité déliée de l'altérité

---

20. Ann Oakley, *Sex, Gender and Society*, Farnham, Ashgate, 2015, 1re éd. 1972, 172 p.

biologique. Le pas vers la dénaturalisation de l'identité sexuée est ainsi franchi. Le mouvement *trans*, enfin, propose un schéma d'analyse qui ajoute l'orientation sexuelle, et son corollaire – l'hétéronormativité – comme un élément majeur de l'oppression des femmes et des humains dans leur ensemble. Désormais, le réquisitoire contre la nature *et* celui contre la culture peuvent être unifiés.

Naissance du genre

Le véritable basculement politique et militant du genre voit finalement le jour aux États-Unis dans les années quatre-vingt-dix, où les études féministes jouissent déjà d'une forte reconnaissance institutionnelle. C'est la philosophe américaine Judith Butler qui conceptualise en 1990 la théorie du genre dans son ouvrage *Trouble dans le genre. Le féminisme et la subversion de l'identité*. Judith Butler reprend la pensée de Simone de Beauvoir et en tire toutes ses conséquences : si on ne naît pas femme, alors rien ne nous astreint à le devenir. Il ne faut donc pas seulement s'émanciper de la nature mais la déconstruire, et ce faisant, déconstruire aussi l'obligation culturelle d'épouser l'identité sexuelle assignée par le sexe biologique. Ce sera le travail du genre de libérer l'humanité autant de la nature que de la culture.

Chez Butler, l'objectif est triple : il est à la fois philosophique, politique et culturel.

Philosophiquement, il faut déconstruire le mythe de l'hétérosexualité naturelle : l'homme et la femme ne seraient pas insubstituables et la nature ne dirait rien du féminin et du masculin, qui, ne sauraient être pensés en eux-mêmes.

Politiquement, il faut prouver publiquement les torts de l'antique instrument de domination sociale qu'est la distinction des sexes et le réduire au silence, car il serait l'instrument privilégié du pouvoir et de la production des discriminations.

Culturellement enfin, la matrice hétérosexuelle qui a édifié les sociétés occidentales doit être déconstruite pour que puisse prévaloir le modèle d'une totale substituabilité ou interchangeabilité des êtres. Aucune continuité ne doit plus exister entre le sexe biologique (et donc l'identité sociale à l'état civil) et l'orientation sexuelle. Le combat des féministes du genre a donc changé de cible : ce n'est pas le sexisme qu'il faut combattre (la domination de l'homme sur la femme), mais l'hétérosexisme : c'est-à-dire la domination d'une sexualité sur d'autres formes de sexualité.

Sous beaucoup d'aspects, le genre est un néo-marxisme. À l'instar de la lutte contre le racisme et de l'antispécisme, les études de genre rejoignent le combat intersectionnel centré sur la diversité contre toutes les supposées formes d'exploitation. En convoquant leur expérience d'un monde à la fois hétérosexuel et dominé par les hommes, certains promoteurs du genre, notamment ceux de la théorie *queer*[21], font valoir l'orientation sexuelle et son corollaire – l'hétéronormativité – comme un élément majeur de l'oppression des femmes et des humains dans leur ensemble. Le genre s'intègre dans le vaste réquisitoire contre les divers niveaux d'oppression du combat intersectionnel. L'hétérosexualité constituerait un système politique, rien de moins.

21. Définie par les Américaines Judith Butler et Eve Sedgwick.

Une identité sexuelle sans sexe

Le genre est radical: l'identité sexuelle ne doit rien à la nature. D'après Butler, l'identité sexuelle ne repose pas sur l'inné (sur la nature), mais seulement sur l'acquis: elle parle d'une « discontinuité radicale entre le sexe du corps et les genres culturellement construits[22] ». Seule la neutralité serait originelle. *Exit* l'altérité sexuée: seul existe le devenir individuel. Les différences anatomiques ne seraient convoquées que pour classer les individus et justifier les inégalités entre les femmes et les hommes. Mais en soi, le féminin et le masculin se seraient construits sans aucun étayage dans le donné naturel. Ils devraient tout à la culture, à la société et à l'histoire. L'ampleur historique indéniable de la persistance des codes à travers les siècles ne s'expliquerait que par le conformisme des hommes et le pouvoir des mécanismes de reproduction sociale (bien maigre reconnaissance au génie et à la liberté de nos ancêtres, soit dit en passant).

Pour Butler comme pour tous les théoriciens du genre par la suite, comme d'ailleurs pour les antispécistes, la déconstruction consiste donc à dire que, puisque la nature ne se présente pas clairement et méthodiquement en tant que telle, c'est qu'en réalité elle a été instituée par les hommes. La réalité biologique ne serait qu'une vaste projection idéologique, utilisée habilement par les hommes pour asseoir leur domination sur les femmes. La radicalité de ce discours ouvre un champ extrêmement vaste à l'entreprise de déconstruction voulue par les promoteurs du genre. Si tout est construction, alors tout est destructible. Si la différence sexuelle, l'altérité et la complémentarité des sexes n'ont aucun fondement naturel, si elles ne sont

22. Judith Butler, *Trouble dans le genre, op. cit.*, p. 67.

que des fictions héritées de siècles d'assujettissement des femmes et des minorités sexuelles, alors il convient de les déconstruire purement et simplement. Si le masculin et le féminin ne sont que des catégories construites par les hommes, alors chacun peut se les approprier à son gré, sans tenir compte de son sexe de naissance. S'ils sont pures constructions, alors rien ne permet d'affirmer qu'il n'existe que deux genres, que deux identités sexuées. Il faut donc faire fi de la binarité et ouvrir la porte à un troisième champ d'exploration, ni masculin ni féminin : il faut « admettre que le masculin et le féminin n'épuisent pas le champ sémantique du genre[23] ». Il faut s'ouvrir à un troisième genre[24]. L'objectif est clair : il faut rendre à l'homme sa neutralité, son indétermination originelle.

L'argumentaire est fallacieux : il s'est affranchi de la *donnée* initiale (qui n'est pas une *explication* initiale comme le suggèrent les partisans du genre) : le donné biologique.

La question de l'indétermination biologique : mensonge ou réalité ?

La démarche de Judith Butler n'est pas innocente. En introduisant l'hypothèse apparemment scientifique de l'indétermination originelle des êtres, elle cherche à assimiler les études de genre à une science exacte et à les distinguer des sciences expérimentales qui sont soumises à l'évolution des théories les fondant. Cette démarche est

23. Judith Butler, « Faire et défaire le genre », conférence prononcée à l'université Paris-X-Nanterre, 25 mai 2004.

24. Facebook va plus loin en proposant plus d'une dizaine d'options pour définir son identité sexuelle : homme, femme, agenre, allosexuel(le), altersexuel(le), androgyne, au genre conforme, aucun, autre, bigenre.

malhonnête : prétendre que la différence sexuelle et l'identification à un sexe biologique ne sont que fictions ne relève certainement pas d'une démarche scientifique, ni des sciences biologiques, ni même d'ailleurs des sciences sociales et humaines. Aucune science exacte n'est propre à valider les postulats du genre, car la science exacte « s'arrête là où l'expérimentation ne peut être faite[25] ». Or rien ne prouve l'indétermination sexuelle, au contraire ! La biologie et la génétique établissent la détermination sexuelle, dès l'instant de la fécondation[26].

Certes, le développement de la petite fille et du petit garçon, à la naissance, n'est pas achevé. Du point de vue biologique, il le sera complètement à partir de la puberté, lorsque les organes sexuels deviendront fonctionnels et que leurs caractères sexuels secondaires s'exprimeront. Il le sera aussi, sur le plan psychologique, quand la petite fille et le petit garçon comprendront qu'ils sont sexués, en saisissant lequel des deux sexes est le leur, puis avec l'identification progressive que chacun réalise à celui de ses parents qui est du même sexe que lui, et par opposition à celui de sexe opposé.

L'embryon humain est un être vivant avec un patrimoine génétique humain hérité de son père et de sa mère. Même s'il est amené à se développer et à se modifier dans son apparence, comme il le fera d'ailleurs toute sa vie, l'embryon est bien un être humain dès la première cellule issue de la fécondation : il ne s'agit pas là d'une opinion, mais d'un constat.

Aborder le féminin et le masculin doit donc logiquement conduire à aborder de manière conséquente

25. Bérénice Levet, *op. cit.*, p. 52.

26. Le développement qui suit est emprunté au manuel de bioéthique *La Théorie du Genre, décryptage à l'intention des jeunes*, Fondation Jérôme Lejeune.

le rôle des chromosomes sexuels. Ce sujet est fondamental, puisque notre patrimoine génétique est à l'origine de notre féminité ou masculinité. Il a une importance tout au long de la vie et pas seulement pendant la période embryonnaire. Du point de vue scientifique, il convient de rappeler que l'embryon est XX ou XY dès la première cellule issue de la fécondation et que cette différence chromosomique caractérise les 70 000 milliards de cellules du corps humain et ce, tout au long de la vie, de la conception jusqu'à la mort. Dès la fécondation, dès cette première cellule constituant un nouvel être humain, il est déjà garçon ou fille. Dès la fécondation se trouve réalisé un être nouveau qui commence son existence. Le patrimoine génétique unique de la personne, donc aussi son sexe féminin ou masculin, est déterminé dès ce moment-là.

En outre, les récents progrès de la génétique révèlent que le gène SRY, celui de la masculinité, est présent sur le chromosome Y. On sait aussi que ce gène entraîne l'activation en cascade de très nombreux autres gènes, lesquels ont aussi des rôles importants chez le garçon. Du côté de la fille, l'absence de ce gène SRY chez les embryons XX serait à l'origine de leur féminité. La génétique nous a aussi appris qu'il existe bien un gène de la féminité : le gène NR0B1, situé sur le chromosome X codant pour la protéine DAX1.

Enfin, la capacité de l'homme et de la femme à être père pour le premier et mère pour la seconde, est l'une des caractéristiques essentielles de l'identité sexuelle. La grossesse et la maternité sont une part importante de la féminité. Tout comme la paternité est une dimension significative de la masculinité (même si certains ne deviennent pas effectivement mère ou père).

Impossible, donc, de prétendre expliquer scientifiquement que le masculin et le féminin n'existent pas du point de vue de la nature. Impossible aussi de prétendre l'existence d'une troisième catégorie, considérée comme ni femme ni homme. Impossible d'appréhender le genre scientifiquement.

Au mieux, les études de genre pourraient relever de la philosophie en étant mises en dialogue avec d'autres études qui cherchent à déployer le contenu de la nature et à en montrer la cohérence. La philosophie permettrait en effet de poser ces deux questions cruciales : le genre est-il compatible avec tout ce que l'on sait par ailleurs, notamment du point de vue de la biologie ? Puis, dans l'ordre de l'harmonie entre la raison et la foi se poserait la question : le genre peut-il s'articuler aux vérités révélées ? Mais Judith Butler ne pose pas ces questions.

Elle reconnaît que pour *étudier* le genre, il faut d'abord avoir *conceptualisé* la notion même de genre. C'est l'objet propre de la *théorie* du genre, préalable nécessaire aux *études* de genre qui – elles – sont plurielles. Toutes ont comme dénominateur commun un nouvel outil conceptuel : le genre.

> La théorie du genre se distingue des études sur le genre en cela qu'elle se consacre à élaborer conceptuellement cette notion de « genre » dont les chercheurs, historiens, sociologues, économistes, spécialistes de littérature font ensuite usage comme d'une sonde dans leur domaine respectif[27].

Judith Butler va donc s'appliquer à parler du *genre*, et non plus du *sexe*. Ce subterfuge sera toujours repris par la suite. Le genre doit être un outil nouveau pour déconstruire les identités sexuelles. En France, c'est la loi Peillon

27. *Ibid.*, p. 53.

sur l'école qui introduira la première ce concept d'une éducation à l'égalité de genre dans son article 31.

Butler va distinguer trois niveaux d'identité sexuelle : d'abord le sexe de naissance, biologique, dans lequel chacun naît. Ce serait une donnée anatomique sans plus d'influence d'identité que la couleur des yeux ou des cheveux. Ensuite le sexe social, le genre à proprement parler, stéréotypé et assigné par les parents ou la société aux individus. L'orientation sexuelle enfin, seule véritable paradigme d'identité, qui serait une donnée purement personnelle relevant du choix libre et conscient des individus, quoique Butler dénonce le comportement normatif abusif de la société qui a fait de l'hétérosexualité la norme pendant des siècles (elle parlera d'hétéronormativité).

Constatant que le féminisme ne fait que perpétuer l'essentialisme et pensant que l'individu ne pourra que difficilement s'affranchir de l'être genré normé par la société, Butler insiste sur la fluidité des identités pour *in fine* les dissoudre et entraîner la fin de la domination masculine. Il faut, pense-t-elle, compliquer le jeu à la société fatalement normative en emmêlant les codes dont nous héritons trop passivement de la société. C'est ce qu'elle nomme le *gender blending* : puisque la société demeure irrémédiablement oppressive, il faut que l'individu s'approprie sa sexualité et son genre sans se les faire dicter de l'extérieur. Il faut emmêler les codes, les mélanger, en faire jaillir de nouveaux, inventer de nouvelles identités. Le degré d'authenticité de l'individu se mesurera à la liberté qu'il s'autorisera avec les normes. À l'individu donc de faire preuve d'inventivité pour se libérer du fardeau de l'héritage civilisationnel de masculin et du féminin : « La variabilité dans la construction de l'identité [doit devenir] une exigence tant méthodique que normative, pour ne pas dire un but politique[28]. » Le programme est clair : il faut semer le trouble dans la nature pour mieux défaire la culture : troubler le genre pour mieux le défaire, comme l'indiquent les noms de ses ouvrages[29]. Butler reprend de la French Theory l'idée que le neutre pourrait abolir le genre. Pour elle, il s'agit sans doute de l'outil majeur de contestation de « l'hétéronormativité sexuelle » qu'elle n'avait pas explicitement trouvé dans *Le deuxième sexe* de Beauvoir. On comprend mieux sa fascination pour la figure du transsexuel, véritable accomplissement de l'interchangeabilité des rôles sexués, bien que celle-ci soit irrémédiable et s'apparente tout à fait à une mutilation et non à un travestissement, comme en témoignent les malheureux détransitionneurs.

La négation de la corporéité

Par la séparation induite entre le sexe biologique et le genre social, les études de genre renouent inconsciemment avec la question métaphysique inaugurale : qu'est-ce qu'une personne, qu'est-ce qu'un être vivant ?

Mais dans sa perspective matérialiste, le genre est profondément dualiste : il nie la réalité indivisible de la personne humaine. Il refuse de considérer la totalité de la personne, ce complexe corps-âme rationnelle qui seul doit être considéré comme valeur. Il nie au corps sexué son rôle central dans la constitution de la personne humaine. Avec le genre, le corps et l'esprit sont à nouveau séparés. Le corps est réduit au rang de simple matière dépourvue de réalité en soi puisqu'il est supposé être préalablement

28. Judith Butler, *Troubles dans le genre, op. cit.*, p. 66.
29. *Troubles dans le genre* et *Défaire le genre.*

soumis aux influences normatives de la société et de l'héritage civilisationnel. Pour Butler, si le corps est animé, ce n'est pas au sens platonicien d'une âme qui insuffle la vie à un corps organique. C'est uniquement comme une matière assaillie par le pouvoir social dans le but de se l'approprier et de le normaliser. Elle est ici profondément influencée par la pensée de Michel Foucault d'un pouvoir qui structure les corps, les domestique et les catégorise en vue de remplir un rôle bien défini et surtout bien contrôlable.

En raisonnant ainsi, les promoteurs du genre commettent une première erreur un peu grossière : ils oublient d'abord que la biologie n'épuise pas la nature et que tout ne s'explique pas par l'organique ni par la génétique dans la personne humaine : ainsi, le mystère de la féminité (la pudeur, la sensibilité, la douceur par exemple, tous ces caractères que les partisans du genre qualifient de stéréotypes normés par la société) ne peut-il s'expliquer seulement par les gènes ou par la vie hormonale, pas plus qu'il ne semble pouvoir être expliqué par les injonctions normatives de la société. Le mouvement *#metoo* est révélateur : quarante ans de libération des mœurs n'ont pas pu venir à bout de la pudeur !

Mais pour les disciples du genre, les notions de masculin et de féminin n'auraient de sens que nominalement. Elles ne renvoient plus à aucune réalité charnelle[30]. C'est une vision très abstraite.

La sacralisation de l'existence et la négation de l'essence

Les promoteurs du genre commettent une seconde erreur dans leur façon d'évaluer la dignité de l'existence

30. Bérénice Levet, *op. cit.*, p. 98.

des individus. Plus ou moins consciemment, car le mot *dignité* n'apparaît pas dans leur vocabulaire, ils se réfèrent au degré de détermination d'un individu particulier pour juger de la valeur de son existence. La dignité comprise en ce sens se rapporte au fait que la personne est capable d'agir avec authenticité. Cela ramène la dignité générale de l'appartenance à l'espèce humaine à la valeur changeante de la dignité d'un individu particulier. Au fond, il s'agit d'une dignité en acte. Elle dépend de la conduite du sujet considéré, elle dépend de la façon dont l'individu se comporte et de la façon dont les autres le jugent. Elle peut être perdue, diminuée ou dégradée par soi-même ou par le reste de la société. Elle est finalement terriblement subjective. Car, dans cette signification, une personne a de la dignité seulement lorsqu'elle a de bonnes raisons de se respecter elle-même, ou lorsqu'il y a de bonnes raisons pour attendre des autres le respect.

C'est une terrible erreur qui laisse la porte ouverte à de nombreuses transgressions. Car la dignité de l'homme est intangible, elle est liée non pas au comportement de l'individu ou de la société à son égard, mais à la qualité même d'être humain. C'est cette dignité propre à l'être humain, quel qu'il soit, que reconnaît la Déclaration universelle des droits de l'homme (1948) dans son préambule. C'est une dignité par participation à l'humanité :

> Considérant que la reconnaissance de la dignité inhérente à tous les membres de la famille humaine et de leurs droits égaux et inaliénables constitue le fondement de la liberté, de la justice et de la paix dans le monde…

Ceci implique que la dignité est la propriété inaliénable de chaque membre de l'espèce humaine. Elle ne dépend pas du sexe, ni de l'âge, ni du stade de développement, et certainement pas d'axiomes fabriqués par la société dans laquelle nous naissons. C'est le message jailli avec force des rescapés d'Auschwitz, d'Etty Hillesum, d'Edith Stein et tant d'autres.

Les partisans du genre ont en outre tendance à déresponsabiliser l'individu en accusant la société, la culture et la civilisation d'être à l'origine de l'inaccomplissement et de l'oppression des hommes. Ils ont finalement une bien mince estime du for intérieur des hommes, de leur essence rationnelle, de leur faculté propre à poser des actes libres et volontaires conformes à leur dignité première.

Ils semblent oublier, ou nier, que la personne est d'abord un corps spiritualisé, un esprit incarné, et qu'elle vaut pour ce qu'elle *est* et non pas seulement pour les choix qu'elle *fait*. Ainsi, vouloir libérer les personnes d'un hypothétique rôle masculin ou féminin fabriqué par la civilisation et appris depuis la plus tendre enfance, ne peut-il changer la dignité intrinsèque de la personne, ni l'améliorer ni l'altérer.

Dans tout choix, la personne engage ce qu'elle est, son corps et son esprit. On ne peut donc pas résoudre et dissoudre la personne humaine et ses valeurs en une série de choix, sans une source d'où les choix émanent et sans des contenus de valeur dans lesquels ils s'expriment. À cause de son essence rationnelle et de sa responsabilité, elle possède une dignité propre, du début à la fin de sa vie et non pas seulement quand elle engage sa volonté dans des choix afin de *devenir*.

L'objet du questionnement sur l'être est bien celui de la réalisation de la personne dans la personne, de l'homme dans l'homme, de la femme dans la femme, de l'existence du fait de l'essence. En l'homme, il n'y a pas essence *ou* existence mais essence *et* existence. L'existence n'est pas un accident mais l'acte de l'essence, acte sans lequel il n'y aurait aucune réalité. Car la personne humaine n'est pas ontologiquement suffisante. Elle a besoin de quelque chose pour exister, elle doit recevoir son essence d'une source. Seul un être dont l'essence est d'exister peut être indépendant ontologiquement. Cet être est Dieu : en lui, l'existence coïncide avec ce qu'Il est, son essence est d'exister. Dieu est l'existence. Mais les hommes, eux, reçoivent leur existence.

La pente glissante des possibles

Judith Butler et les partisans du genre exaltent la fluidité des identités sexuelles. Ils appellent de leurs vœux l'esprit inventif des hommes afin que prolifèrent de multiples configurations de genre. Les rôles sexués n'étant pas dictés par la nature et le donné culturel étant à bannir, le champ des possibles est ouvert : il faut essayer toutes les identités, toutes les sexualités sans se fixer dans aucune. Il suffit de faire preuve d'imagination et d'audace ! Un peu de subversion sera aussi la bienvenue, puisque l'objectif est aussi de déstabiliser la vision archaïque et naturaliste de l'hétérosexualité. Les identités et les corps doivent être nomades.

La civilisation et la société étant perçues non plus « comme le cadre d'humanisation de l'homme mais comme le lieu de son aliénation » (Bérénice Levet), ce serait l'ultime planche de salut de l'humanité de s'en extraire pour rendre l'homme à lui-même et lui permettre d'explorer l'inconnu de ses désirs et de ses fantasmes les plus secrets. À la manière du transhumanisme qui veut réaliser par la technologie les possibles que la nature n'a pas encore réalisés, le genre veut libérer par le néant les possibles que la nature et la civilisation auraient primitivement aliénés. En cela, le genre est profondément anarchique.

Pour le genre, l'enfant serait au départ un ensemble de possibles que la société viole et étouffe. Il faut donc briser la société, sa culture et sa civilisation, pour que l'enfant puisse s'humaniser. Retrouver « l'état de nature », cher à Rousseau, n'est même plus le sujet puisque la nature en elle-même serait une fiction de la civilisation.

En fait, il faut ne rien vouloir pour l'enfant, afin que tout lui soit possible: ne rien transmettre, n'avoir aucune attente pour ces êtres à qui l'on donne vie, et les livrer vierges de toute influence au monde. Cela relève de l'utopie, et on connaît les résultats désastreux des expériences conduites sur des enfants sauvages ayant grandi en marge de la société humaine. On sait que l'on ne peut pas construire l'homme à partir de rien. Et on sait bien qu'on ne favorise ni la liberté ni le bonheur du futur adulte en le privant des fondements de la responsabilité.

Et puis, rien n'est innocent dans cette démarche. Au contraire, tout est paradoxal: car le genre, en même temps qu'il veut libérer les individus des affres de la culture, ne se prive pas d'utiliser les outils de cette même culture pour dénoncer auprès des enfants les violences normatives que la société exercerait sur eux: cinéma, littérature, *mass media*, messages institutionnels, enseignement académique. C'est un véritable raz-de-marée culturel. Leur objectif étant d'atteindre le plus grand nombre de personnes, les promoteurs du genre agissent sans sourciller comme des influenceurs, faisant, de fait, du genre un phénomène culturel. On veut livrer les enfants vierges de toute influence? Alors, on les influence pour mieux les purifier de toute influence extérieure qui ne soit tolérée par le genre. La démarche n'est pas sans faire penser aux méthodes éprouvées des régimes les plus totalitaires. La verticalité de la nature humaine est la première cible: il faut se refuser à toute origine et à toute finalité. Seule la liberté a valeur de paradigme. Le genre est en ce sens profondément imprégné de libéralisme. L'individu seul est fondateur et il doit être rendu à la fluidité de ses passions : le genre lui refuse sa source et sa destinée transcendante qui sont perçues comme des chaînes.

Le désaveu de la volonté libre

La volonté elle-même est galvaudée : elle ne saurait plus être mue par l'intelligence mais par les désirs. La faculté intellective qui est le propre de l'homme et qui lui fait poser, par sa raison, sa volonté et sa conscience, des choix qui vont le rendre plus humain ou au contraire le dégrader, est reléguée aux oubliettes. L'homme n'étant plus orienté en direction d'une forme finale en vue d'un achèvement bon, il doit désormais atteindre sa perfection de manière purement sensible, à la manière d'un animal ou d'une plante : donc de manière involontaire.

Car pour le genre, l'intelligence de l'homme ne donne pas la capacité de comprendre l'ordre naturel des choses établies et la volonté ne sert plus à le porter *de lui-même* vers le bien véritable. Le genre ouvre les possibles, les désirs servent de gouvernail à la décision : *exeunt* l'intelligence et la volonté. Le propre du genre réside dans l'idée intime et personnelle que chacun a de son genre. C'est le *sentiment* d'être une femme, un homme, les deux ou ni l'un ni l'autre, ou de se situer à un autre point dans le spectre des genres. L'identité de genre d'une personne peut correspondre ou non au genre qui lui a été attribué à la naissance. La compréhension qu'une personne a de son genre peut changer : les possibles sont infinis et sont régis par le *ressenti*. Je ressens une profonde attirance émotionnelle, affective et sexuelle envers des individus du sexe opposé, du même sexe ou de plus d'un sexe ? Libre à moi d'entretenir des relations intimes et sexuelles avec ces individus…

Je suis attiré physiquement, amoureusement ou émotionnellement par plus d'un genre ? je suis *bisexuel* ; mon identité de genre est conforme au sexe qui m'a été attribué à la naissance ? je suis *cisgenre* ; mon identité de genre varie et je ne m'identifie pas à un seul genre ? je peux changer de genre en alternance ou m'exprimer dans plusieurs genres en même temps, car je suis *gender fluid* ; je me considère comme un homme et je suis principalement attiré physiquement, amoureusement ou émotionnellement par d'autres personnes se considérant comme des hommes ? je suis *gay* ; mes caractéristiques sexuelles physiques, comme mon anatomie reproductive ou sexuelle ou mon profil chromosomique, ne correspondent pas aux notions habituelles du féminin ou masculin ? elles passent inaperçues ? je suis *intersexué* ; je me considère comme une femme et qui est principalement attirée physiquement, amoureusement ou émotionnellement par d'autres personnes se considérant comme des femmes ? je suis *lesbienne* ; je perçois mon genre comme n'étant pas exclusivement masculin ou féminin et mon identité de genre se situe en dehors du modèle de genre binaire ? je suis *non binaire* ; mon identité de genre ne se limite pas à un seul genre et je ressens que mon identité englobe tous les genres possibles en même temps ? je suis *pangenre* ; je suis attiré physiquement, amoureusement ou émotionnellement par des personnes, peu importe leur sexe ou leur genre ? je suis *pansexuel* ; mon identité de genre ou l'expression de mon genre est différente du sexe qui m'a été attribué à la naissance, que ce soit suite à des modifications de mon corps par la chirurgie, par une intervention médicale ou par un autre moyen, ou que je prévoie d'apporter des modifications à mon corps afin que ses caractéristiques sexuelles correspondent à mon identité de genre, ou encore que je ne souhaite pas modifier mon corps? je suis *trans* – c'est commode d'être trans: si je m'identifie comme ayant plusieurs genres ou aucun genre; si mon identité de genre change de temps à autre; si j'ai une identité de genre qui ne correspond pas aux normes socialement acceptées, je suis *trans*. Le concept de l'identité de genre est distinct de celui de l'orientation sexuelle, et une personne *trans* peut être hétérosexuelle, gaie, lesbienne, bisexuelle ou asexuée.

On le comprend: le concept d'orientation sexuelle cher aux études de genre ouvre la boîte de Pandore. Étant avant toute chose une *attirance* (physique, amoureuse ou émotionnelle) d'une personne envers les personnes du genre opposé, du même genre, d'aucun genre ou de plus d'un genre, l'orientation sexuelle est soumise aux désirs et aux émotions. La compréhension qu'une personne a de son orientation sexuelle peut donc changer. Elle se veut profondément subjective et fluide. Elle se refuse à être un donné de l'existence. Elle ne saurait être reçue. De ce fait, sans en avoir conscience, les partisans du genre soumettent l'orientation sexuelle à l'impérieuse tyrannie des désirs. Ils veulent « introduire du volontaire là où précisément le sujet fait l'expérience de l'involontaire[31] ». Ainsi comprise, l'orientation sexuelle rend la personne « inaccessible à la gratitude pour le don qu'il y a dans tout donné naturel[32] ». En voulant anesthésier les consciences, dissoudre les évidences et annihiler les nécessités pour que cette exaltation des possibles devienne recevable, la théorie du genre fait de l'ivresse des possibles une impasse: ne

31. Bérénice Levet, *op. cit.*, p. 107.
32.

se transformant jamais en nécessité, et donc en réalité, elle fait survenir la tentation du désespoir.

Haro sur l'hétérosexualité

Avec le genre, même le féminisme est dépassé : le genre ne se restreint pas à la cause des femmes, mais s'étend à celle de tous les individus victimes de la tyrannie hétérosexuelle. La dissolution du masculin et du féminin doit conduire à l'extinction de la sexualité fondée sur l'altérité. Peu importe que le désir porte naturellement vers l'autre sexe, ce ne serait qu'une ruse des hétérosexuels pour asseoir une norme dictée par la société. En cela, l'homosexualité est considérée comme l'avant-garde de la nouvelle humanité. L'hétérosexualité, pour le genre, ne serait pas une loi naturelle, mais la loi du plus fort qui a réussi le coup de maître d'étouffer les autres sexualités pendant des millénaires. Il faut donc abattre le désir hétérosexuel et son soldat : le mâle hétérosexuel.

Alice Coffin, figure française du mouvement et du collectif La Barbe, est radicale. Elle veut promouvoir un féminisme lesbien *contre* un féminisme hétérosexuel : « L'hétérosexualité des femmes reste pour moi un douloureux problème », et « les hommes mènent une guerre permanente contre les femmes et tentent de la dissimuler », écrit-elle. Elle appelle ni plus ni moins à un referendum d'initiative citoyenne pour interdire l'hétérosexualité, attendu que l'hétérosexualité n'est pas une orientation sexuelle mais un système de domination engendrant et se nourrissant du sexisme, de l'homophobie, de la transphobie, de la biphobie et d'autres oppressions comme le racisme, le validisme ou le classisme (*sic*). Dans *Le Génie lesbien*, Alice Coffin explique pourquoi elle privilégie les artistes femmes aux hommes : « Il ne suffit pas de nous entraider, il faut, à notre tour, les éliminer. Les éliminer de nos esprits, de nos images, de nos représentations[33]. » Pauvres hommes, pauvres jeunes hommes qui grandissent dans un monde où la bisexualité est érigée en vertu, où ne pas être hétéro relève de la prescription et où pas une semaine ne passe sans qu'un chanteur, un acteur ou un écrivain auquel s'identifient les jeunes ne fasse son *coming out*.

En 1999, le sociologue Éric Fassin écrivait ce texte qui résonne douloureusement vingt ans plus tard :

> Dans un peu plus de trente ans, peut-être nos enfants, nés de couples hétérosexuels, pour la plupart, mais aussi de mères célibataires, pour certains, adoptés par des personnes seules, pour d'autres, ou bien parfois issus de couples homosexuels, auront-ils peine à imaginer qu'on ait pu se battre en France, à la fin du second millénaire, pour prolonger, quelques années encore, l'inégalité entre les sexualités au nom de la différence des sexes. Ces enfants et leurs enfants nous demanderont demain des comptes de nos engagements d'aujourd'hui[34].

Espérons qu'il n'ait été qu'un prophète de malheur et que nos enfants ne nous feront pas le procès d'intention de nous être aimés, homme et femme, et de leur avoir donné la vie… naturellement.

33. Alice Coffin, *Le Génie lesbien*, Paris, Grasset, 2020, p. 39.

34. Éric Fassin, « Pour l'égalité des sexualités », dans *Vacarme* 1999/2 (n° 8), p. 30-31.

Bérénice Levet relève avec beaucoup de justesse que

> les avancées dans le domaine des techniques de procréation médicalement assistée auront, involontairement, apporté un précieux soutien aux thèses postulées par le genre, d'une humanité émancipée, de part en part, de la nature et contribué à en favoriser l'influence[35].

C'est une évidence : les biotechnologies ont littéralement participé à couper le lien entre l'union des personnes et la procréation d'une vie. Elles nous disent qu'il n'y a nul besoin d'un homme et d'une femme pour faire un enfant, il suffit des gamètes et de la compétence technique.

En droit français, la PMA poursuivait jusqu'en 2021 un objectif thérapeutique : éviter la transmission d'une maladie grave ou compenser une infertilité pathologique, médicalement diagnostiquée. Jusqu'à la loi de bioéthique du 2 août 2021[36], elle ne concernait donc que des couples homme-femme, vivants, en âge de procréer et porteurs d'un « projet parental ». L'incapacité à procréer des personnes seules, des couples de même sexe, des personnes ayant dépassé l'âge de la procréation ou des défunts n'étant pas pathologique, elle n'avait pas vocation à être prise en charge par la médecine. La loi de bioéthique votée le 2 août 2021 remet intégralement cette législation en cause. Désormais, l'accès à la procréation médicalement assistée (PMA) est élargi aux couples de femmes et aux femmes célibataires : le corps de la femme devient une option pour la reproduction. La technique a fait perdre à la femme la prérogative de la reproduction. C'est la jubilation chez les partisans du genre.

---

35. Bérénice Levet, *op. cit.*, p. 119.

36. Loi n° 2021-1017 du 2 août 2021 relative à la bioéthique.

La Révolution silencieuse

Les normes et les mœurs ne sont pas si facilement renversables. Le bon sens se rebiffe devant la nouvelle utopie du genre. Il faut donc une révolution. Il faut diffuser à grande échelle et maîtriser l'offensive une fois la théorie élaborée.

La France s'est longtemps distinguée par son refus du genre. Lorsque les questions féministes redeviennent d'actualité dans le champ universitaire à partir des années quatre-vingt, c'est d'abord la politisation du féminisme et de l'égalité des sexes qui devient un enjeu national. En France, dans les années quatre-vingt, le législateur avance vers l'égalité des sexualités, en effaçant de la loi toute discrimination fondée sur l'orientation sexuelle. Dans les années 1990, la question se pose en des termes nouveaux : pour avancer encore vers l'égalité des sexualités, il ne s'agit plus seulement de considérer les individus, mais également les couples : c'est la loi sur le PaCS. Puis, derrière le couple, la famille se profile avec le mariage homosexuel et l'ouverture de l'adoption par les couples de même sexe et de la PMA aux couples de femmes.

Il faut attendre le début des années deux mille (et, en 2005, la traduction du livre de Judith Butler en français sous le titre *Troubles dans le genre*) pour que le genre commence à recevoir une forme de légitimité dans la démocratie sexuelle.

L'offensive est d'abord sémantique, pour rompre le lien causal entre le mot et la chose :

> Ministres, journalistes, sociologues, philosophes prennent soin de bannir de leur vocabulaire

> l'expression d'identité sexuelle au profit de celle d'identité de genre[37].

L'offensive est ensuite politique et culturelle : il faut toucher un maximum de gens avec des messages subversifs et politiques. Les textes officiels et la publicité adoptent ce langage. Elle est aussi éducative, par une large reconnaissance et promotion institutionnelle ainsi qu'une diffusion massive du message dans les manuels scolaires. Les universités et les grandes écoles lui consacrent un enseignement. À l'initiative du gouvernement Sarkozy, les manuels scolaires introduisent les postulats anthropologiques et philosophiques du genre dans les manuels de SVT dès 2011 : ainsi, de la description du développement du corps de la femme et du corps de l'homme, passe-t-on, dans certains manuels scolaires, à une présentation de la sexualité humaine à partir de codes et d'éléments signant la théorie du genre. Cette théorie est reprise, à demi-mot, dans une circulaire du 30 septembre 2010 du ministère de l'Éducation nationale. Selon cette dernière, le chapitre intitulé « Devenir homme ou femme », au programme pour l'année 2011-2012, doit

> affirmer que si l'identité sexuelle et les rôles sexuels dans la société avec leurs stéréotypes appartiennent à la sphère publique, l'orientation sexuelle fait partie, elle, de la sphère privée.

À l'époque, le sujet fait scandale et à six jours de la reprise des cours, les pétitions demandant le retrait des deux manuels de biologie de classe de première s'entassent sur le bureau de Luc Chatel, ministre de l'Éducation

37. Bérénice Levet, *op. cit.*, p. 12.

nationale. Quatre-vingts députés de la droite populaire et de l'UMP demandent que les deux ouvrages scolaires qui reprennent la théorie du genre soient retirés. Depuis, l'eau a coulé sous les ponts. Dans le contexte de l'enseignement des SVT, cette théorie est clairement cautionnée scientifiquement. Plus largement, l'égalité filles-garçons constitue désormais officiellement un axe fondamental du socle commun de connaissances, de compétences et de culture. Cette « priorité républicaine » (*sic*) est mise en œuvre à tous les niveaux de la scolarité dans une approche qui engage l'ensemble des disciplines enseignées et activités vécues. Ainsi peut-on lire dans la circulaire « L'égalité filles-garçons dans les programmes d'enseignement » de novembre 2021 que les mathématiques en classes de première et terminale sont l'occasion pour les professeurs

> de faire connaître des métiers et des études supérieures où les mathématiques sont utilisées en veillant à déconstruire les stéréotypes de genre.

On y recommande que l'égalité filles-garçons puisse être abordée de manière explicite comme objet d'enseignement. Même lorsqu'elle ne constitue pas l'objet principal d'une séance, elle doit être prise en compte dans les savoirs scolaires : enseignement d'une histoire mixte, questionnement et historicisation des représentations genrées dans l'étude de la littérature ou de la grammaire, prise en compte des femmes et des hommes dans les sciences de la vie, etc. Lutter contre les stéréotypes de genre est officiellement la nouvelle mission de l'école autour de laquelle rapporteurs, ministres, syndicats et professeurs sont collectivement mobilisés :

> Tous s'accordent sur l'idée que seuls les axiomes du genre sont susceptibles de fonder les principes d'égalité entre les sexes et les sexualités dont l'école doit se faire le missionnaire zélé[38].

Plus grave, l'idéologie a largement trouvé écho dans le monde médical qui assume aujourd'hui la mission thérapeutique du traitement des enfants qui s'interrogent sur leur identité sexuelle par la prescription irréfléchie de bloqueurs de puberté. Le récent scandale de la fermeture de la clinique Tavistock en Angleterre, suite à un rapport accablant sur les mauvaises pratiques idéologiques de cette dernière, illustre pourtant les dommages incommensurables causés par des années de dogme idéologique, de traitement inapproprié et d'incapacité coupable à prendre en compte le bien-être mental global des milliers enfants adressés à la clinique au nom du développement de l'identité de genre et traités par celle-ci.

> Le centre autrefois pionnier du nord de Londres, qui se concentrait sur les soins psychiatriques aux enfants, est devenu un institut capturé par une clique pernicieuse d'activistes transgenres de la « théorie *queer* », peu enclins à remettre en question le recours aux bloqueurs de puberté, à analyser les effets à long terme de ce traitement non testé ou à tolérer toute opinion dissidente au sein du personnel. Le Tavistock n'a pas collecté de données sur les bloqueurs de puberté pour les moins de 16 ans, a refusé de suivre les effets de ses traitements et n'a accordé pratiquement aucune attention à d'autres facteurs communs tels que l'autisme, les troubles alimentaires ou les antécédents

38. Bérénice Levet, *op. cit.*, p. 15.

> de traumatismes et d'abus. Elle confondait naïvement l'orientation sexuelle avec l'identité de genre, acceptait comme une évidence toutes les déclarations d'enfants affirmant qu'ils étaient nés dans le mauvais corps et traitait tous les problèmes complexes à travers le prisme du genre[39].

On sait aujourd'hui combien la promotion du genre à tous les échelons de la société est irrécusable : les relais éducatifs, culturels, politiques, médicaux et médiatiques sont parfaitement en place en 2022. Ainsi, après plusieurs décennies de résistances, la France a-t-elle bel et bien fini par se rallier totalement à la nouvelle anthropologie du genre, à sa philosophie et à sa métaphysique. On sait aussi combien le genre est devenu un débat de société. Avec trente ans de retard, on le prend enfin au sérieux et on s'applique à le combattre dans tout ce qui, en lui, est une offensive de destruction de la civilisation.

***

39. « Clinical Damage : The Tavistock Clinic's closure follows a damning report on ideological malpractice », in *The Times*, 29 juillet 2022.

4

L'antispécisme

Différent du transhumanisme et des études de genre, mais étroitement lié à eux dans son réquisitoire contre l'homme, l'antispécisme s'inscrit dans le vaste mouvement antihumaniste de rejet de la nature et des données objectives du réel. Il illustre de façon évidente la négation de l'existence d'une finalité propre à l'homme. Il est particulièrement pernicieux par sa façon de condamner l'espèce humaine dans son ensemble pour certains maux indéniables du monde, niant ainsi l'existence d'une individualité de la faute. Il est aussi néfaste par sa façon d'induire l'idée de l'existence d'une question morale dans certains faits qui ne sont que pures données objectives du créé (et qui ne relèvent donc pas de la moralité des actes humains).

Initialement, l'antispécisme se résume dans l'idée qu'il n'y a pas de supériorité morale de l'homme sur les autres espèces. Par analogie avec le racisme, il s'oppose au fait de « considérer que l'appartenance à une espèce constitue un critère moral pertinent pour justifier des discriminations[1] ».

1. Paul Sugy, *L'Extinction de l'homme: Le projet fou des antispécistes,* Paris, Tallandier, 2021, p. 12.

Au premier abord, cette pensée peut paraître légitime : le respect dû à l'animal en tant que créature vivante ainsi que son corollaire (éviter tout acte de cruauté inutile) sont des évidences de bon sens. L'utilitarisme productiviste et les aberrations administratives du monde développé ont certainement éloigné l'homme de ce bon sens paysan. Certaines expérimentations ou exploitations abusives menées sur les animaux scandalisent à juste titre. Le lien qui reliait l'homme à l'animal est altéré, et nous le regrettons. Il est légitime de vouloir protéger les animaux et l'on doit estimer comme inacceptables les abus de l'industrialisation forcenée de l'élevage.

Pour autant, toute forme d'exploitation des animaux doit-elle être vouée aux gémonies ? L'espèce animale et les hommes sont-ils contraints à une opposition binaire qui nierait toute possibilité de cohabitation harmonieuse ? Est-il justifié de prendre la lutte contre l'exploitation comme matrice de l'analyse de la cohabitation entre les espèces ? Faudrait-il condamner l'homme pour que l'animal soit respecté ? La vie animale ne saurait-elle être préservée tout en laissant nos vies rester authentiquement humaines ?

Prenons l'exemple de l'élevage. Aude Vidal[2] montre avec beaucoup de justesse que ce que nous nommons encore élevage se trouve aujourd'hui pris entre deux feux. D'un côté, le souci légitime de l'impact écologique et sanitaire de la production industrielle de viande et de produits d'origine animale rejoint le refus de maltraiter les animaux. De cela émerge une remise en cause profonde du geste d'élevage. De l'autre côté, les éleveurs sont dépossédés de leur métier par des procédures toujours plus rigides

2. Aude Vidal (dir.), *On achève bien les éleveurs. Résistances à l'industrialisation de l'élevage*, Paris, L'Échappée, décembre 2017, 144 p.

et intrusives : puçage RFID des ovins et caprins, chantage aux primes agricoles, bureaucratisation croissante, reproduction artificielle…

Décriés d'une part pour des pratiques industrielles auxquelles ils n'adhèrent pas, les éleveurs sont abusivement administrés d'autre part et contraints à l'industrialisation. Le récent procès qui a opposé un éleveur de l'Oise à des riverains à cause du bruit et des odeurs de ses vaches devrait nous alerter sur la menace bien réelle qui pèse sur l'élevage traditionnel : quand la justice rend une sanction record en condamnant un éleveur à verser 102 000 euros pour troubles du voisinage, c'est que le monde ne tourne pas rond. En cause : le bruit et l'odeur de ses bêtes. Faudrait-il qu'un éleveur demande à ses vaches de ne pas meugler ? C'est aussi absurde que de prier un nouveau-né de naître sans pleurer. D'un côté, la société se scandalise des abus et des maltraitances animales dans l'élevage industriel. De l'autre, la déconnexion du réel de populations hors-sol conjuguée à une soumission toujours plus grande de la justice, des politiques et des administrations à la société industrielle menace la possibilité même d'élever des animaux autrement qu'en les concentrant dans de gigantesques usines.

Cette situation paradoxale qui pèse sur l'élevage est à la fois le symptôme de la soumission toujours plus grande à la société procédurière, matérialiste et industrielle, et celui d'une perte généralisée des repères anthropologiques de bon sens. D'une part, la possibilité même d'agir de façon harmonieuse s'efface devant le contrôle systématique et les pressions financières. D'autre part, nous nous infligeons à nous-mêmes ce que nous faisons subir aux animaux.

Dans ce désordre généralisé, il faut rappeler avec force que les dérives utilitaristes contre les animaux ne peuvent justifier philosophiquement de considérer que la vie animale a une dignité comparable à la vie humaine. C'est le grand piège de l'antispécisme : sous couvert de bienfaisance animale, il plaide en faveur de la libération des animaux du joug de la domination morale des hommes. L'antispécisme rejette le présupposé universel selon lequel l'espèce humaine se distinguerait des autres espèces. Il récuse absolument l'observation réaliste du vivant qui nous montre que la distance dans l'être et dans le système de valeurs qui distingue la personne humaine de l'animal est sans comparaison avec celle qui sépare la plante du reptile ou la pierre de la plante.

Il faut bien comprendre que l'antispécisme n'est pas une simple affaire de régime carné. Ce courant d'idée dépasse largement la portée du végétarisme. Il est une remise en cause profonde des fondements de l'anthropologie réaliste qui affirme l'existence d'une nature humaine, indépendamment de la pensée et de l'expérience que les hommes en font. Pour les antispécistes, nous serions tous des animaux, humains ou non humains, et les animaux non humains doivent être libérés du joug des humains. Mais *respecter* les animaux ne saurait équivaloir à *libérer* les animaux d'une supposée domination humaine. « Si l'on admet avec les antispécistes qu'il n'y a pas de supériorité morale de l'homme, alors toutes nos autres convictions sont menacées et cela revient en fin de compte à renoncer à ce qu'il y a de plus précieux dans notre humanité », prévient Paul Sugy[3].

À force de dire que les humains ne valent pas mieux que les animaux, n'est-on pas tenté de traiter certains humains comme des animaux ? La philosophe Chantal Delsol n'hésite pas à dire que l'antispécisme est le début

3. Paul Sugy, *op. cit.*, p. 24.

d'une barbarie nouvelle : « Avec ce genre d'idées commencent les grands massacres[4]. » Car cette idéologie qui prône l'égalité absolue entre toutes les espèces prétend servir la cause animale, quitte à desservir celle de l'homme.

Il ne faut pas sous-estimer la rapidité du développement du courant de pensée antispéciste. Il exerce déjà une forte influence sur le milieu universitaire français, et suit un développement de fondation intellectuelle analogue à celui des *gender studies*. On sait, s'agissant de ces dernières, à quel point elles dominent la pensée intellectuelle quarante années après leur apparition balbutiante, et comment elles sont désormais installées dans une phase active de développement militant et politique.

Les bases idéologiques de l'antispécisme sont, elles aussi, posées depuis longtemps. L'antique certitude qu'il existe une différence de nature entre l'homme et l'animal est remise en cause. Alors que cette certitude alla croissant au cours des siècles, avec comme âge d'or l'humanisme puis le siècle des Lumières, elle a décliné à tel point qu'un doute courant et tenace sur la spécificité humaine s'est installé dans les mentalités de nos contemporains. À l'image de l'évolution de la pensée transhumaniste et des études de genre, la culture savante est en train de rencontrer la culture populaire, achevant de rendre légitime l'idée qu'il n'y aurait pas de différence de nature, mais seulement une différence de développement entre l'homme et l'animal.

Pour comprendre l'erreur anthropologique initiale de ce courant de pensée et mesurer comment il a pu se structurer au point de devenir une pensée dominante et d'entrer dans une logique militante, il convient de revenir à la source de l'antispécisme.

4. Chantal Delsol, citée *in* Généthique, « Antispécisme, un pas vers la barbarie », consulté en ligne le 21 mars 2022, https://www.genethique.org/antispecisme-un-pas-vers-la-barbarie

La longue généalogie de l'antispécisme

L'ouvrage *La Libération animale* (1975) de Peter Singer est certainement le catéchisme de cette nouvelle idéologie. Cependant, l'antispécisme a des racines bien plus anciennes. Rémi Brague[5] et Paul Sugy font remonter la préhistoire du mouvement à l'Antiquité. Ils voient les antispécistes comme les héritiers des végétariens dont la pratique diététique frugale, loin de se limiter à un comportement hygiéniste opposé au régime carnivore, relevait déjà d'un courant de pensée « antisystème » opposé aux systèmes de valeur établis par les sociétés humaines. Dans les civilisations antiques, consommation de viande, valeurs de la cité et rituels religieux sont étroitement liés : la question du refus de la viande carnée et celle de la condamnation de la souffrance animale dans l'Antiquité grecque sont complexes et ne font pas l'unanimité, mais elles semblent déjà être une manifestation de la contestation de l'ordre établi et du refus d'anciens rites sacrificiels.

Au VIe siècle avant notre ère, le philosophe Pythagore abandonne les sacrifices sanglants et adopte le végétarisme dans une démarche de recherche de pureté : la vie animale est sacralisée au même titre que celle des hommes. D'autres poètes grecs ou romains idéalisent un âge d'or de l'humanité où les hommes vivraient comme des dieux, sans le mal nécessaire de la consommation de la viande. Platon rêve ainsi d'une cité idéale végétarienne garante de la justice naturelle. Dans les *Métamorphoses*, Ovide condamne la nourriture carnée payée par le meurtre et le sang et soutient que l'âge d'or

5. Rémi Brague, *Le Propre de l'homme. Sur une légitimité menacée,* coll. « Champs Essais », Paris, Flammarion, 2015, 258 p.

était végétarien[6]. L'argument est simple et toujours en usage : qui tue des bêtes s'apprête à tuer des hommes, nous dit Roger Pol-Droit[7].

L'Occident chrétien médiéval sonne temporairement le glas du végétarisme. Dans la tradition judéo-chrétienne, si la sobriété alimentaire est remarquée comme une marque de tempérance et de pénitence, la question de la consommation de la viande n'occupe cependant pas une place importante. Le jeûne de viande est d'ailleurs assez restreint puisqu'il ne concerne que les vendredis ainsi que certains jours bien spécifiques du Carême. Les historiens remarquent cependant que, dans ces sociétés, la critique de la zoophagie, quand elle émerge, va généralement de pair avec une critique de la religion telle qu'elle est alors pratiquée, et de l'Église en particulier. Le refus de consommer de la viande se retrouve ainsi chez les cathares, qui ont une application littérale des textes sacrés et pour qui enfreindre ces prescriptions absolues ferait perdre le bénéfice du baptême.

À la Renaissance, alors que la nourriture carnée est considérée comme le privilège des classes supérieures, le végétarisme réapparaît comme un concept philosophique fondé sur des considérations éthiques. La réforme protestante, qui est aussi une remise en cause d'un ordre spirituel établi, est aussi plus favorable au végétarisme. Paul Sugy rappelle d'ailleurs que, dans l'histoire récente, les pays réformés ont vu émerger les courants antispécistes beaucoup plus rapidement que les pays de tradition catholique[8].

---

6. Il l'était d'ailleurs dans le premier récit de la création : « Je vous donne toute plante qui porte sa semence sur toute la surface de la terre, et tout arbre dont le fruit porte sa semence : telle sera votre nourriture » (Gn 1,29).

7. Roger POL-DROIT, « La Révolution animale », *Le Point*, 24 août 2018.

8. Paul SUGY, *op. cit.*, p. 42.

Paradoxalement, c'est à l'époque des Lumières, siècle du triomphe de l'humanisme, que le végétarisme connaît un véritable essor. L'historien du végétarisme Renan Larue précise que le végétarisme est alors un antichristianisme[9]. Il montre que le végétarisme est envisagé et même adopté par un grand nombre de savants et d'écrivains français du XVIIIe siècle et que les questions profondes que soulève ce régime dépassent largement le cadre des pratiques alimentaires : elles sont de nature à la fois médicale, anthropologique, morale et religieuse. Les savants remettent en question la vertu d'une alimentation carnée ; moralement, manger de la viande serait une forme de cruauté que la morale des Lumières réprouve ; la pacification de la société supposerait un refoulement de la bestialité qui passe par une transformation du rapport à la nourriture[10]. Le boucher est alors un personnage dont l'image sociale est réprouvée :

> Il n'est que trop certain, écrit Voltaire, que ce carnage dégoûtant, étalé sans cesse dans nos boucheries et dans nos cuisines, ne nous paraît pas un mal ; au contraire, nous regardons cette horreur, souvent pestilentielle, comme une bénédiction du Seigneur, et nous avons encore des prières dans lesquelles on le remercie de ces meurtres. Qu'y a-t-il pourtant de plus abominable que de se nourrir continuellement de cadavres[11] ?

Plus fondamentalement, la fascination des philosophes des Lumières pour l'exotisme et la vision orientale des relations entre l'homme et l'animal ne sont sans

9. Renan Larue, *Le Végétarisme des Lumières, L'abstinence de viande dans la France du XVIIIe siècle*, coll. « L'Europe des Lumières », Paris, Garnier, 2019, 257 p.

10. Norbert Elias, *La Civilisation des mœurs*, Paris, Calmann-Lévy, 1994.

11. Voltaire, « Du mal, et en premier lieu de la destruction des bêtes », in *Œuvres complètes*, Paris, Garnier, tome 28, p. 534.

doute pas étrangères à la remise en cause de la vision judéo-chrétienne de l'ordre naturel entre les espèces. Le regain d'intérêt pour les civilisations extra-européennes et la découverte de l'hindouisme fascinent les philosophes des Lumières : sous l'influence des doctrines indiennes, la frontière ontologique et axiologique entre les espèces s'érode et les philosophes des Lumières opposent de façon caricaturale le pacifisme des religions brahmaniques avec la prétendue cruauté des religions judéo-chrétiennes[12]. Cette influence sur la culture occidentale ne s'est pas démentie depuis.

Le naturalisme, dont découle le végétarisme au XVIIIe siècle, concilie donc les mêmes arguments que ceux que l'on retrouve dans l'antispécisme contemporain : remise en cause des fondements anthropologiques de la civilisation occidentale et de l'anthropocentrisme, anti-christianisme et matérialisme biologique.

> En ouvrant la voie à un humanisme sans Dieu et fondé sur la science et la raison, les Lumières accélèrent donc le progrès de la cause animale et ouvrent la voie à son institutionnalisation[13].

Au XIXe siècle, le positivisme qui rejette toute référence à une morale naturelle extérieure à la raison, consolide encore cet essor. Les progrès des sciences naturelles et de la connaissance des espèces ainsi que les théories évolutionnistes de Charles Darwin portent le coup de grâce à l'idée selon laquelle l'espèce humaine se distinguerait des autres êtres vivants d'une façon unique en son genre dans le cosmos.

---

12. Paul Sugy, *op. cit.*, p. 43-46.
13. *Ibid.*, p. 46.

À l'origine, la théorie de l'évolution est une hypothèse scientifique qui porte sur le processus de développement des êtres vivants. En tant que telle, elle ne s'intéresse pas à la question métaphysique de leur origine. Darwin, en observant les procédés agronomiques pratiqués en Angleterre avec la sélection des races animales ovines et bovines, tire la conclusion selon laquelle il existe une sélection naturelle au terme de laquelle il ne subsiste que les éléments les plus forts et les plus adaptables à leur milieu de vie : c'est la « lutte pour la vie » (*struggle for life*). Dans *L'Origine des espèces* (1859), il formalise sa théorie explicitement malthusienne :

> Nous considérerons la lutte pour l'existence parmi les êtres organisés dans le monde entier, lutte qui doit inévitablement découler de la progression géométrique de leur augmentation en nombre. C'est la doctrine de Malthus appliquée à tout le règne animal et à tout le règne végétal. Comme il naît beaucoup plus d'individus de chaque espèce qu'il n'en peut survivre ; comme, en conséquence, la lutte pour l'existence se renouvelle à chaque instant, il s'ensuit que tout être, qui varie quelque peu que ce soit de façon qui lui est profitable, a une plus grande chance de survivre ; cet être est ainsi l'objet d'une sélection naturelle.

Darwin va plus loin en remettant en cause l'idée d'une immuabilité et d'une séparation des trois espèces et leur nomenclature :

> Je me vois cependant, après les études les plus approfondies, après une appréciation froide et impartiale, forcé de soutenir que l'opinion défendue jusqu'à tout récemment par la plupart des naturalistes, opinion que je partageais moi même autrefois, c'est-à-dire

> que chaque espèce a été l'objet d'une création indépendante, est absolument erronée. Je suis pleinement convaincu que les espèces ne sont pas immuables ; je suis convaincu que les espèces, qui appartiennent à ce que nous appelons le même genre, descendent directement de quelque autre espèce ordinairement éteinte, de même que les variétés reconnues d'une espèce quelle qu'elle soit, descendent directement de cette espèce ; je suis convaincu, enfin, que la sélection naturelle a joué le rôle principal dans la modification des espèces, bien que d'autres agents y aient aussi participé[14].

L'hypothèse d'un processus de mutation des êtres vivants au cours du temps est désormais acquise et l'idée d'une transcendance de l'être humain par rapport au reste du cosmos battue en brèche : l'exposé de la parenté biologique entre l'homme et le singe remet en cause le récit biblique de la Genèse. Insidieusement, la théorie de Darwin ouvre la porte à l'idée d'une lutte pour l'existence entre les espèces, qui pourrait expliquer la suprématie de l'espèce humaine sur les animaux et les végétaux.

Si la théorie de l'évolution de Darwin trouve rapidement un terreau favorable dans le monde scientifique (bien préparé en cela par un demi-siècle de développement de la pensée biologique relative à l'origine des espèces avant la publication de la première édition anglaise de son ouvrage[15]), l'évolution des mentalités est assez lente à se

14. Charles DARWIN, *L'Origine des espèces*, 6e édition, traduit de l'anglais par E. Barbier, Librairie C. Reinwald, Schleicher Frères éditeurs, 1876, p. 26.

15. Les observations de Darwin sont largement influencées par les travaux de Buffon, Lamarck (*Philosophie zoologique*, 1809), Geoffroy Saint-Hilaire, le docteur W.-G. Wells (*Two Essays upon Dew and Single Vision*, 1819), W. Herbert (*Horticultural Transactions*, 1822), le professeur Grant, Patrick Matthew, le naturaliste von Buch, M. J. d'Omalius d'Halloy et le professeur Owen.

concrétiser : les théories de Charles Darwin ne seront pas suivies d'une véritable révolution dans les relations entre l'homme et les animaux. Petit à petit cependant, ces idées achèvent de convaincre le monde scientifique, puis plus largement l'enseignement et enfin les citoyens ordinaires dans le monde développé.

Des sociétés de défense de la cause animale se créent un peu partout à partir du XIXe siècle. Initialement organisées autour de la protection des animaux, elles se structurent rapidement autour du mouvement plus large de la libération animale : il faut offrir de meilleures conditions de vie aux animaux, mais aussi les inclure dans la communauté morale en donnant une importance à leurs intérêts fondamentaux. Dans cette optique, les animaux ne devraient pas être éthiquement (et *a fortiori* légalement) considérés comme des biens meubles[16] ou traités comme des ressources à des fins humaines.

En 1822, le Parlement du Royaume-Uni adopte la première loi de protection animale au monde : le Martin's Act, introduit par le député irlandais Richard Martin, interdit les actes de cruauté à l'encontre du bétail (chevaux, vaches, moutons...). La première association de protection animale et de bien-être animal, la Royal Society for the Prevention of Cruelty to Animals (SCPA), est fondée en Grande-Bretagne en 1824. Des groupes similaires naissent rapidement ensuite en Europe puis en Amérique du Nord. En France, la Société protectrice des animaux (SPA) est créée en 1845 à Paris par deux médecins, Étienne Pariset et Pierre Dumont de Monteux, avec pour objet d'améliorer « le sort des animaux, dans une

16. En France, la loi modernisant le statut juridique de l'animal dans le Code civil a été publiée au Journal officiel le 17 février 2015 (article 515-14). L'animal est depuis officiellement reconnu par le Code civil comme « un être vivant doué de sensibilité » et non plus comme un « bien meuble ».

pensée de justice, de morale, d'économie bien entendue et d'hygiène publique[17] ». La SPA n'a jamais promu le végétarisme ni combattu la consommation de viande en tant que telle, mais seulement une plus grande bienveillance à l'égard des animaux. Le 2 juillet 1850, le général de Grammont fait adopter une loi relative aux mauvais traitements infligés aux animaux domestiques. Aux États-Unis, l'American Society for the Prevention of Cruelty to Animals voit le jour dans l'État de New York en 1866. Le premier mouvement antivivisection est créé dans la seconde moitié du xixe siècle en Angleterre sous l'influence de Howard Williams, auteur de la première histoire du végétarisme: *L'Éthique de l'alimentation* (1883). Les mouvements en faveur de la cause animale partagent certaines valeurs clés des autres luttes de la gauche: justice sociale, féminisme, antiesclavagisme, antiracisme, droits des minorités sexuelles et luttes contre toutes les discriminations sous toutes leurs formes. L'étude du développement historique du mouvement animaliste confirme ces points communs entre les idées de la gauche socialiste et la cause animale. Tout le mouvement semble s'être structuré autour d'une lancinante idée de lutte contre l'exploitation sous toutes ses formes. Alexia Renard et Virginie Simoneau-Gilbert[18] notent avec Jérôme Segal[19] la connivence entre le socialisme, l'anarchisme et la cause animale au tournant du xxe siècle: plusieurs figures marquantes de l'anarchisme et du socialisme français prêtent ainsi main-forte au mouvement animaliste. Par exemple, Élisée

17. Georges Fleury, *La Belle Histoire de la SPA: De 1845 à nos jours*, Paris, Grasset, 1995, 336 p.

18. Alexia Renard et Virginie Simoneau-Gilbert, *Que veulent les véganes?*, Montréal, Fidès, 2021, 198 p.

19. Jérôme Segal, *Animal radical, Histoire et sociologie de l'antispécisme*, Montréal, Lux, 2020, 216 p.

Reclus et Louise Michel établissent un parallèle clair entre l'exploitation des êtres humains et celle des animaux par les puissants :

> Au fond de ma révolte contre les forts, je trouve du plus loin qu'il me souvienne l'horreur des tortures infligées aux bêtes. J'aurais voulu que l'animal se vengeât, que le chien mordît celui qui l'assommait de coups, que le cheval saignant sous le fouet renversât son bourreau ; mais toujours la bête muette subit son sort avec la résignation des races domptées[20].

En 1891, le socialiste anglais et militant végétarien Henry Stephen Salt crée la Ligue humanitaire, dans l'objectif de parvenir à une justice sociale (*sic*) avec les animaux et de les défendre de toute forme d'exploitation, en particulier l'exploitation alimentaire. Il formalise le concept de droits des animaux dans un livre important, *Animals' Rights : Considered in Relation to Social Progress*, en 1892.

La cause animale et le végétarisme sont désormais solidement structurés autour de deux impératifs : l'un scientifique, qui résulte d'une meilleure connaissance du monde vivant ; et l'autre moral, dans le sens où la défense de la cause animale serait un perfectionnement de l'éthique de nos sociétés.

Enfin, pour compléter ce rapide panorama historique de l'émergence du mouvement animaliste sous toutes ses formes (végétarisme, lutte contre les maltraitances animales, défense des animaux, antispécisme), les progrès de la biologie de synthèse et la mise au point des

20. Louise Michel, *Mémoires de Louise Michel, écrits par elle-même*, éd. F. Roy, Paris, 1886, p. 110.

vitamines synthétiques capables de compenser les vitamines naturelles provenant d'une alimentation carnivore et essentielles au développement cérébral, offriront la possibilité aux végétariens de vivre cette « morale » tout en conservant un régime alimentaire équilibré. Le mode de vie végan voit le jour au XXe siècle avec la formation des premières communautés anarcho-végétariennes.

Après la Seconde Guerre mondiale, le mouvement profite d'un regain d'intérêt, regain peu surprenant si l'on considère que la cause animale a pu – plus ou moins consciemment – contrebalancer le dégoût que l'inhumanité des crimes de guerre avait légitimement suscité. La seule considération de la cruauté dont l'homme peut se rendre capable pour lui-même fut un argument de poids : l'idée même d'une supériorité morale de l'homme s'est effondrée dans l'imaginaire collectif avec la découverte des crimes eugéniques nazis et de leur ampleur. Depuis 1945, le matérialisme, les guerres, l'individualisme des sociétés modernes fragmentées, la solitude des gens, l'absence de repères spirituels et le dérèglement climatique qui résulte largement du manque de modération des hommes dans l'exploitation des ressources naturelles, n'ont fait qu'exacerber cet *a priori* péjoratif que les hommes ont pour la moralité de leur propre espèce.

En dénaturant le respect élémentaire dû à tout être vivant, que ce soit du côté de l'animal dans l'industrie alimentaire ou du côté de l'homme dans l'industrie procréatique qui désacralise la vie humaine, les abus de l'industrialisation et de la technologie ont de fait produit des situations complexes qui provoquent et aggravent les débats sur la cause animale et sur la qualité intrinsèque de la vie humaine.

Si, comme nous l'avons exposé, on ajoute à ce tableau l'influence de l'utilitarisme productiviste, et sa conséquence, l'éthique de l'hédonisme, qui ont engendré une culture où douleur et souffrance sont considérées comme des contre-valeurs qui suscitent le refus, on comprend que prévale la tendance à n'apprécier la vie que dans la mesure où elle apporte du plaisir et du bien-être et que la souffrance apparaisse comme un échec insupportable dont il faut se libérer à tout prix. La spécificité de l'homme étant niée et sa faculté morale remise en cause, il est logique que ce droit au bien-être soit étendu à l'espèce animale. D'ailleurs, le père fondateur de l'utilitarisme et père spirituel de l'antispécisme, le philosophe britannique Jeremy Bentham (1748-1832), insérait les animaux dans la communauté concernée par l'éthique (le bien moral étant réduit au bien-être chez les utilitaristes), car ils peuvent souffrir. Il affirme qu'il ne peut y avoir de conflit entre l'intérêt de l'individu et celui de la communauté, car si l'un et l'autre fondent leurs actions sur l'augmentation du bonheur collectif, leurs intérêts seront identiques. Ainsi les droits des animaux ne sauraient-ils mettre en danger ceux des humains.

Comme dans toutes les grandes mutations de civilisations, on a donc assisté à des changements scientifiques, culturels, juridiques et éthiques qui, mis bout à bout, ont conduit peu à peu à rendre la proposition de l'antispécisme raisonnable. Dans une mentalité utilitariste, devant les abus croissants de l'industrialisation forcenée de l'agro-alimentaire qui donne un caractère d'urgence au combat, et face à une méconnaissance anthropologique généralisée, les pressions se sont peu à peu accentuées en faveur de la cause animale. L'émergence de divers mouvements minoritaires à la fin des années soixante, qui, avec beaucoup d'influence, revendiquent leurs droits à l'échelle des États puis à l'échelle mondiale, a certainement favorisé la structuration du mouvement. Assez naturellement à partir des années soixante-dix, une certaine apologie politique révolutionnaire de la lutte contre l'exploitation animale s'ajoute aux problématiques culturelles, juridiques et économiques qui sont associées à la cause. Toutes les conditions sont désormais réunies pour qu'advienne la forme ultime de la lutte contre l'exploitation animale : l'antispécisme.

Le philosophe et chercheur en éthique animale Patrick Llored distingue trois stades dans la progression de l'antispécisme[21] à partir des années soixante-dix : le stade éthique, le stade culturel et le stade politique.

Un basculement éthique

D'abord un basculement éthique, initialement porté par le philosophe australien Peter Singer. Ce changement éthique réside dans le postulat que toute souffrance animale causée volontairement par l'homme est scandaleuse sur le plan moral, puisque la moralité d'un acte se juge, selon cette approche philosophique, à l'aune de l'accès au bien-être et de l'évitement de la souffrance des êtres doués de sensibilité. C'est le préalable de la pensée antispéciste. Il conduit à dénoncer uniformément tous les actes qui infligent une souffrance aux animaux (élevage, expérimentations scientifiques, chasse, etc.), et aussi à légitimer certains actes humains comme l'euthanasie ou l'infanticide d'un enfant malade, au motif que la conscience de soi n'est pas égale chez les personnes humaines selon leur âge ou leurs facultés mentales et cognitives. Singer déclare ainsi dans *Should the Baby Live ?* : « Il ne paraît pas très sage d'alourdir encore la ponction sur des ressources limitées en

21. Patrick Llored, « Les trois âges de l'éthique animale », in *Histoire de la recherche contemporaine*, , t. IV, n° 1, Paris, éd. du CNRS, 2015, p. 50-53.

accroissant le nombre d'enfants gravement handicapés. » Et il propose de « laisser passer une période de vingt-huit jours après la naissance avant d'accepter qu'un enfant ait le même droit de vivre que d'autres[22] ».

La pensée de Peter Singer n'est pas isolée (Singer fut qualifié à la fin des années quatre-vingt-dix de philosophe le plus influent du monde!) : avec la force de l'enseignement d'autorité, elle influence de nombreux penseurs. En 2012, en ouvrant le débat sur la légitimité morale de l'infanticide, la revue britannique *Journal of Medical Ethics* se saisit de la question qui sera rapidement reprise dans les cercles de réflexion éthique[23] : au nom de la conscience de soi et dans une optique notoirement conséquentialiste, l'infanticide d'un bébé peut-il être considéré d'un point de vue éthique comme l'équivalent d'un avortement? D'éminents bioéthiciens et professeurs de philosophie se prononcent : on devrait, sur le plan théorique, être autorisé à tuer des nouveau-nés dont l'état de santé physique ou mentale justifierait un avortement. Ils estiment que les fœtus et les nouveau-nés n'ont pas le même statut moral que vous et moi. Et que par conséquent une loi qui permet l'avortement pour certaines raisons devrait permettre l'infanticide pour les mêmes raisons.

Singer, cependant, s'est intéressé à la question de la souffrance animale avant de s'intéresser aux questions de bioéthique. Il publie en 1975 le best-seller *La Libération animale* qui s'écoulera à plus d'un million d'exemplaires dans une vingtaine de langues. Ce livre est le véritable catéchisme de l'antispécisme, quoique les contradictions

22. Peter Singer et Helga Kuhse, *Should the Baby Live? The Problem of Handicapped Infants*, Oxford, Oxford University Press, 1985, 228 p.

23. Alberto Giubilini, professeur à Milan, et Francesca Minerva, professeure à Melbourne, « After-birth abortion : why should the baby live? » (avortement post-natal : pourquoi le bébé devrait-il vivre?).

inhérentes à son cheminement intellectuel conduisent par la suite certains antispécistes à le dépasser.

La position que défend Singer dans *La Libération animale* est utilitariste : plus une action maximise le bien-être, plus elle est morale. Dans cette optique, le bonheur est confondu avec le bien moral et la fin justifie les moyens utilisés pour y parvenir. L'utilitarisme de Singer refuse fermement d'admettre qu'il existe des principes moraux universels ou une loi naturelle. Il s'inscrit dans la droite ligne de la pensée de Jérémy Bentham. On peut d'ailleurs se demander avec Paul Sugy si Jeremy Bentham n'est pas le véritable père spirituel de l'antispécisme. Peut-être fallait-il aussi attendre que le racisme soit unanimement condamné pour qu'un mouvement en faveur de la libération animale puisse véritablement émerger et se structurer. Singer reprend en effet le principe utilitariste benthamien de l'égalité morale entre les individus. L'humanité a mis longtemps à reconnaître qu'il n'y avait pas d'inégalité entre les races, dit-il. De la même manière aujourd'hui, on doit lutter contre le spécisme qui sous-tend une hiérarchie de *considération* entre les espèces. Singer ne revendique pas une égalité de *traitement,* mais bien une égale *considération* des intérêts entre les espèces, intérêts qui consistent à maximiser le bonheur individuel et diminuer la souffrance puisque l'utilitarisme assimile l'idée de bien au bonheur. Il développe ce principe en 1979 dans *Questions d'éthique pratique*[24] : si un être humain ou non humain est vivant et conscient, alors il a des intérêts qui lui sont propres, à commencer par celui de ne pas souffrir. Le refus de prendre en considération sa souffrance, y compris celle des animaux non humains, n'est donc pas

24. Peter Singer, *Questions d'éthique pratique,* trad. Max Marcuzzi, Paris, Bayard, 1997, 370 p.

justifié moralement. Singer en déduit qu'il convient de rejeter l'abattage des animaux à des fins alimentaires, la chasse, les expérimentations animales, etc. Il tire de nombreuses conséquences de sa philosophie morale en ce qui concerne les droits des animaux et le végétarisme, mais aussi en ce qui concerne l'avortement, l'infanticide et l'euthanasie. Ainsi est-il plus grave, d'après Singer, de tuer un cochon que de tuer un embryon, car l'embryon, n'ayant pas de système nerveux, ne souffre pas :

> Les bébés humains ne naissent pas avec une conscience de soi, ni avec la capacité de comprendre qu'ils existent dans le temps. Ce ne sont pas des personnes. Mais les animaux ont une conscience de soi, et par conséquent, la vie d'un nouveau-né a moins de valeur que celle d'un cochon, d'un chien ou d'un chimpanzé[25].

On comprend dans cet exemple que Singer prend le parti de quantifier la douleur ressentie. Ce parti pris est fragile : on sait d'expérience qu'il n'y a pas de hiérarchie objective dans la souffrance, même dans la souffrance physique. On sait aussi que la somme des facultés psychiques des individus, leurs circonstances de vie ainsi que la vie intérieure font varier le ressenti de la souffrance physique. Même la génétique semble pouvoir influencer ce ressenti : les récentes études du rôle joué par certains gènes dans le développement de pathologies communes ont permis d'individualiser de rares formes mutées de ces gènes qui confèrent un avantage physique à ceux qui en sont porteurs. Ainsi une mutation sur le gène SCN9A procure-t-elle une insensibilité à la douleur. *Quid* enfin des souffrances

25. Peter Singer, *Questions d'éthique pratique*, Paris, Bayard, 1997, 370 p.

psychologiques et des peines affectives ? On sait bien que la souffrance ne se limite pas à la souffrance physique.

Cependant, avec ce livre, l'idée préconisant de respecter avec une stricte égalité de considération la sensibilité de tous les animaux, dont l'homme fait partie, est désormais acquise et le mouvement contemporain de l'antispécisme lancé.

Une mutation culturelle

Le changement culturel, dans un second temps, est un changement philosophique et juridique que nous dénonçons ici comme une grave erreur. Il est apparu dans un second temps, alors qu'il aurait logiquement dû être un préalable à la pensée de Peter Singer. Il s'agit de définir ce qu'est un animal, afin de pouvoir poser la question de ses droits éventuels. L'objectif de la démonstration est de montrer que les animaux, au même titre que les hommes, sont des sujets et donc qu'il est légitime de leur accorder des droits naturels, sur le même modèle que les droits de l'homme. L'objectif des antispécistes est clair : faire évoluer les mentalités sur ce que sont les *sujets d'une vie* afin que le Code civil reconnaisse à terme les animaux comme des personnes. Pour qu'advienne ce changement juridique, il faut d'abord faire évoluer l'anthropologie. Cette mutation philosophique sera considérable.

L'idée est initialement lancée par le psychologue anglais Richard Ryder qui crée le terme « spécisme » en 1970 pour stigmatiser la vision plurimillénaire selon laquelle l'espèce humaine se distinguerait de façon fondamentale de l'ensemble des autres espèces. Dans une brochure contre l'expérimentation animale distribuée à Oxford en 1970, il explique dans son article intitulé *Speciesism* que

> depuis Darwin, les scientifiques admettent qu'il n'y a aucune différence essentielle « magique » entre les humains et les autres animaux, biologiquement parlant. Pourquoi, dès lors, faisons-nous moralement une distinction radicale? Si tous les organismes sont sur un seul *continuum* biologique, nous devrions aussi être sur ce même *continuum*[26].

Il compare au racisme la prétention humaine à la supériorité et la dénonce au nom du principe d'égalité:

> Les mots « race » et « espèce » sont des termes aussi vagues l'un que l'autre que l'on utilise pour classifier les êtres vivants principalement sur la base de leur apparence. On peut faire une analogie entre les deux. [...] Il se pourrait qu'un jour les esprits éclairés abhorreront le spécisme comme ils détestent aujourd'hui le racisme. L'illogisme dans ces deux formes de préjugés est du même type[27].

Peter Singer reprend cette idée qu'il n'y a pas de hiérarchie entre les animaux. Nous l'avons dit plus haut, cette idée s'ancre dans une certaine lecture du darwinisme: venant de la même souche, et puisqu'il n'y a pas de hiérarchie dans l'évolution, la biosphère serait comme un arbuste où chaque espèce est un sommet de l'évolution à chaque embranchement. Ainsi, d'un point de vue strictement biologique, n'y aurait-il pas de raison de mettre la fourmi en dessous de l'homme, car l'intelligence (celle de l'homme comme

26. Richard Ryder, *Speciesism*, privately printed leaflet, Oxford, 1970.

27. *Id.*, « Experiments on Animals », in Stanley et Roslind Godlovitch, John Harris, *Animals, Men and Morals*, Grove Press, New York, 1971, 240 p.

celle de la fourmi) serait simplement une astuce de l'évolution pour s'adapter à l'environnement, parmi d'autres astuces.

S'il n'y a pas de hiérarchie entre les êtres vivants doués de sensibilité, alors le bien-être animal doit être reconnu d'un point de vue moral. Si Singer le subordonne encore aux intérêts des êtres humains (il doit y avoir un usage éthique des animaux), il met cependant au centre de l'éthique la question de la souffrance animale et l'égalité de considération entre les espèces. Sa pensée achève de confirmer le gigantesque retournement philosophique au sujet de l'animal qui s'est opéré en un siècle, des Lumières à l'aube du XXe siècle, avec l'émergence de l'utilitarisme : si, dans une approche utilitariste qui prescrit d'agir de manière à maximiser le bien-être de l'ensemble des êtres sensibles, la question centrale de la distinction entre les espèces n'est plus la faculté de raisonner, mais celle de l'accès au bien-être, alors toute l'anthropologie réaliste qui affirme l'existence d'une nature humaine indépendamment de l'expérience que les hommes en font, est ébranlée.

À la suite de Singer, les antispécistes vont s'attaquer frontalement au partage essentiel fondé sur la distinction entre l'homme et l'animal. Petit à petit, dépassant le postulat de Singer, la pensée antispéciste va s'intéresser à la valeur des individus en eux-mêmes, et pas seulement à la valeur de leurs intérêts. L'Américain Tom Regan en particulier pense que chaque être vivant sensible est détenteur d'une valeur égale, quelles que soient ses capacités. Au fond, les animaux comme les hommes doivent être considérés comme des sujets qui possèdent légitimement des droits. Pour appuyer leur démonstration, les grands penseurs de l'antispécisme[28] s'appuient sur les découvertes qui prouvent l'existence de formes plus ou moins développées de conscience animale et attestent de leurs dispositions psycho-physiologiques.

Dans cette déconstruction de la distinction essentielle entre l'homme et l'animal fondée sur la nature, il y a une volonté avouée de rejeter toute forme d'exception humaine. Selon les antispécistes, le fait de recourir à l'idée de nature ne saurait expliquer les différences entre les individus humains et non humains : ce serait, comme pour la différence des sexes, un réflexe essentialiste nauséabond. Évidemment, ces penseurs critiquent l'idée de genre en même temps qu'ils s'attaquent à la singularité humaine. Tout y passe s'agissant de cette dernière : l'opposition entre la faculté de *réponse*, propre aux humains, et celle de *réaction*, propre aux animaux, serait une distinction infondée. Ce serait une astuce intellectuelle des hommes pour construire leur pensée suprématiste sur les autres espèces. Pour Jacques Derrida, la distinction entre *humain*, *animal* et *végétal* est problématique. Il utilise ces mots par commodité, parce qu'ils font partie de la langue, mais ne tient pas à légitimer des distinctions binaires, indivisibles ou linéaires qu'il qualifie de dogmatiques. Il n'y aurait pas plus de *propre* du végétal ou de l'animal qu'il n'y aurait de propre de l'homme :

> Il ne s'agit pas seulement de demander si on a le droit de refuser tel ou tel pouvoir à l'animal (parole, raison, expérience de la mort, deuil, culture, institution, technique, vêtement, mensonge, feinte de la feinte,

28. Notamment les Américains Tom Regan et Donna Haraway et les Français Florence Burgat (*Animal, mon prochain*, 1997) et Jacques Derrida (*L'Animal que donc je suis*, 2006, 218 p.), Aymeric Caron (*Antispéciste : réconcilier l'humain, l'animal, la nature*, coll. Points documents, Paris, Points, 2017, 480 p.).

> effacement de la trace, don, rire, pleur, respect, etc. – la liste est nécessairement indéfinie, et la plus puissante tradition philosophique dans laquelle nous vivons a refusé tout cela à l'« animal »). Il s'agit aussi de se demander si ce qui s'appelle l'homme a le droit d'attribuer en toute rigueur à l'homme, de s'attribuer, donc, ce qu'il refuse à l'animal, et s'il n'en a jamais le concept pur, rigoureux, indivisible, en tant que tel[29].

Ainsi, en une trentaine d'années depuis l'ouvrage fondateur de Peter Singer, la pensée philosophique de l'antispécisme a-t-elle considérablement avancé : d'abord structuré autour de l'idée que ce qui importe n'est pas de savoir si les animaux parlent ou pensent mais de savoir s'ils souffrent, l'antispécisme est parvenu à la conclusion qu'il n'y a pas de différence de nature entre l'homme et l'animal et que le statut de l'animal ne doit pas être défini par les facultés dont il est privé, mais au contraire par ses capacités positives.

Fort de cette base philosophique et d'une influence considérable dans les milieux savants, l'antispécisme a fini par sortir de son confinement intellectuel pour gagner les mentalités. La conviction qu'il faut respecter la vie des bêtes au même titre que celle des humains est peu à peu entrée dans la conscience publique depuis le début des années deux mille.

Il est temps d'entrer dans une phase militante : l'imaginaire collectif est prêt à accepter l'idée que l'assujettissement des animaux par les hommes est insupportable et qu'il doit être combattu. Le projet politique peut désormais se dessiner. La solution sera principalement démocratique : il faut faire des animaux des sujets de droit à part entière. Une

29. Jacques Derrida, *L'Animal que donc je suis*, Paris, Galilée, 2006, p. 185.

politique de l'animalité doit être fondée pour que les animaux humains et non humains vivent en harmonie, sans discrimination. On le comprend aisément : le dernier stade de l'antispécisme est logiquement politique et juridique.

On assiste de fait, depuis les années deux mille, à la structuration de l'antispécisme en un mouvement politique militant. Il ne consiste plus seulement en un débat d'idées qui agiterait la seule sphère savante. Désormais, c'est toute la société qui doit changer son comportement à l'égard des animaux. Certes, il existe autant de projets politiques antispécistes que de mouvements de défense des animaux. Mais ce qui est nouveau depuis les années deux mille est l'entrée généralisée de ces mouvements dans l'action militante. Le militantisme végan a rejoint la pensée antispéciste car le combat intellectuel ne suffit plus : il faut agir.

Le projet politique

C'est d'abord le droit classique qui est attaqué. Dans ce dernier, les animaux sont rangés dans la catégorie juridique des choses et non dans celle des personnes. Éviter de les maltraiter est un présupposé naturellement admis, le respect pour l'animal passant par le respect pour l'homme. Pour autant, les facultés sensitives des animaux n'en font pas des sujets de droit. Pour les antispécistes, prendre la faculté de *sentir* comme matrice de la définition de l'ensemble de la communauté des vivants justifie la reconnaissance des droits des animaux : ce qui primait autrefois, le fait d'être doué de raison ou non, est rejeté. Le partage essentiel qui fondait, dans le droit privé, la distinction entre les personnes et les choses est remis en question : *exit* la distinction entre les êtres doués de raison, dotés de langage, de libre arbitre et de responsabilité et donc sujets de droit d'une part, et les choses dépourvues de droits propres parce que sans capacité réflexive ni volonté autonome d'autre part. Avec la rupture philosophique apportée par le courant utilitariste depuis le XVIIIe siècle et structurée dans la pensée antispéciste dans la seconde moitié du XXe siècle, la distinction générale entre les personnes et les choses apparaît de plus en plus contestable. Si, en effet, l'objet de l'éthique est la maximisation du bonheur collectif de l'ensemble de la communauté des êtres sensibles, si les individus moraux ne sont pas seulement ceux qui sont capables d'agir moralement (dans le sens du bien moral, c'est-à-dire du bien de la personne humaine), mais tous les êtres capables de souffrir, alors les animaux – qui sont doués de vie sensitive (tout le monde s'accorde pour le reconnaître) – sont à considérer comme sujets de droit de cette communauté. Il est assez logique que l'utilitarisme conjugué au végétarisme ait conduit à la question de la reconnaissance des droits des animaux. Il aura fallu un court siècle pour que cette question émerge comme sujet juridique, faisant sortir le végétarisme de son confinement sanitaire et éthique : depuis le XXe siècle, le discours sur la nécessité de reconnaître les droits fondamentaux des animaux émerge. Les bases de la réflexion sont posées et s'inscrivent peu à peu dans le débat positif avec l'idée de la nécessité de faire reconnaître ces nouvelles réalités juridiques.

Depuis les années deux mille, ce discours est totalement décomplexé. Le mouvement politique se structure partout dans le monde développé. Le premier Parti de protection des animaux est fondé en 1993 en Allemagne. Aux Pays-Bas, le Parti pour les animaux obtient pour la première fois un siège au parlement national en 2006, et y est représenté depuis. Lors des élections européennes de

2014, les partis allemand et néerlandais entrent au Parlement européen. En 2015, le PAN fait son entrée au parlement portugais. En 2019, le Parti australien de la justice animale entre au parlement de Nouvelle-Galles-du-Sud, tandis que le PAN passe d'un à quatre sièges au parlement portugais. Lors des élections européennes qui se tiennent la même année, les partis allemand, néerlandais et portugais font élire chacun un député au Parlement européen.

En France, c'est au cours de l'été 2014, lors d'un colloque sur la question animale, que la création d'un projet politique s'est imposée comme une étape nécessaire à son avancée. D'abord consacrés à l'étude des outils qui permettraient de politiser la question animale et les expériences entreprises dans les autres pays, les membres fondateurs ont ensuite rejoint la dynamique commencée par le parti néerlandais *Partij voor de Dieren* (Parti pour les animaux) en participant aux rencontres internationales se déroulant chaque année et réunissant les différents partis animalistes du monde entier. Le Parti animaliste officiellement créé en mars 2016 est lancé le 14 novembre de la même année. En 2021, pour la première fois dans l'histoire politique française, le parti animaliste investit une candidate à l'élection présidentielle. Porté par l'avocate Hélène Thouy, il promeut une évolution de la société vers la prise en compte des intérêts des animaux et qui repense la relation entre les animaux et les humains.

Une étude[30], publiée en 2020, analysant les programmes de sept partis animalistes en Allemagne, Australie, France, Espagne, aux Pays-Bas, au Portugal et au Royaume-Uni, montre que la plupart d'entre eux ont un programme qui va au-delà de l'animalisme et intègrent aussi bien des

30. Paul Lucardie, « Animalism : a nascent ideology ? Exploring the ideas of animal advocacy parties », *Journal of Political Ideologies*, vol. 25, n° 2, 3 mai 2020, p. 212–227.

considérations environnementales plus larges et des politiques économiques ou sociales. La compassion peut être considérée comme le concept clé de ces programmes animalistes. Les notions de valeur intrinsèque, d'égalité des droits et d'interdépendance jouent également un rôle important. Ces partis ne souhaitent pas seulement améliorer le bien-être animal, mais bien abolir toute exploitation des animaux, ce qui inclut une interdiction de la chasse, l'abolition à long terme de l'élevage, la fin des expérimentations sur les animaux, l'interdiction des animaux dans les cirques et la transformation des zoos en réserves sans public, tandis que le bien-être des animaux de compagnie doit lui aussi être mieux protégé. La quasi-totalité de ces partis demande que des droits soient attribués aux animaux et souligne les interdépendances entre l'ensemble des êtres vivants. La lutte pour les droits animaux est présentée par plusieurs partis comme la suite de la lutte pour l'abolition de l'esclavage au XIXe siècle et pour l'émancipation des femmes au XXe siècle.

En parallèle, de nombreuses associations militantes voient le jour. En France, la plus connue dans l'actualité récente est certainement L214, association animaliste créée en 2008 par deux militants végans, Brigitte Gothière et Sébastien Arsac. L'action de L214 consiste essentiellement à

> montrer les conditions de vie, de transport et d'abattage des animaux en s'appuyant sur des enquêtes filmées et accompagnées d'informations sourcées, soulever des questions éthiques reposant sur des arguments étayés et proposer des solutions à mettre en œuvre aux niveaux politique et individuel[31].

31. https://www.l214.com

Tous ces mouvements associatifs et politiques s'inspirent de l'ouvrage de référence des antispécistes contemporains, *Zoopolis*, écrit par le couple de philosophes canadiens Will Kymlicka et Sue Donaldson. *Zoopolis* est littéralement une théorie politique des droits des animaux, bien plus qu'un ouvrage animalier : il est d'ailleurs devenu un classique de l'analyse politique, car, en utilisant pour les animaux « les idées de souveraineté, de résidence, de migration, de territoire, d'appartenance sociale et de citoyenneté », il dépasse les classiques de l'éthique ou de la déontologie que sont déjà *Libération animale* de Peter Singer ou *Pour les droits des animaux* de Tom Regan.

Chez Regan, la théorie des droits des animaux représentait une « extension naturelle de la conception de l'égalité morale qui sous-tend la doctrine des droits de l'homme ». Elle reconnaît aux animaux des « droits inviolables » : en tant qu'« êtres individuels », ils ont le droit de « ne pas être torturés, emprisonnés, soumis à des protocoles d'expérimentations médicales, séparés de leurs familles ou abattus parce qu'ils ont mangé trop d'orchidées rares ou parce qu'ils ont altéré leur habitat ». Eu égard à leurs « droits moraux fondamentaux », hommes et animaux « sont égaux, et non pas maître et esclave, gestionnaire et ressource, tuteur et mineur, ou bien encore créateur et artefact ». Cette Théorie des droits des animaux (TDA) ne rencontra finalement que peu d'écho auprès du grand public, qui eut du mal à réaliser – et on le comprend volontiers – quels droits peuvent bien avoir la moule ou les acariens.

Pour Kymlicka et Donaldson, ce n'est pas surprenant, car cette théorie est intenable d'un point de vue politique. Le but de *Zoopolis* sera donc de la rendre tenable, en prenant en compte la complexité empirique et morale des relations entre humains et animaux. En vue d'une application politique, il ne faut pas se limiter à établir une liste de droits négatifs (ne pas maltraiter, ne pas tuer…), ni chercher à les appliquer de façon générique au nom de l'universalisme.

Il s'agit de penser les obligations positives envers les animaux, conçus comme *résidents* originaires ou immigrés (« porter secours, concevoir nos édifices, nos routes et nos quartiers en tenant compte de leurs besoins[32] »), et également des devoirs relationnels, c'est-à-dire

> les devoirs qui ne découlent pas uniquement des caractéristiques intrinsèques des animaux (comme leur conscience), mais également les relations géographiques et historiques spécifiques qui se sont développées entre certains groupes d'animaux et certains groupes d'humains.

Dans le cas des hommes, on dispose de cadres sociaux bien établis pour penser ces droits de façon relationnelle : employeur-employé, parent-enfant, enseignant-élève, etc. Il s'agit donc, pour Donaldson et Kymlicka, d'« identifier des catégories similaires dans le contexte animal, de décrire avec précision […] les devoirs positifs qui leur correspondent ». Et ce, en sachant d'une part que les animaux, même s'ils ne sont pas domestiques (renards, écureuils, cerfs, chauves-souris…) font partie de la société et sont « affectés chaque fois que nous abattons un arbre, que nous obstruons une voie navigable, que nous construisons une route, un lotissement ou une tour », et que, d'autre part, ils entretiennent des relations dont il est aisé de voir

32. Will Kymlicka et Sue Donaldson, *Zoopolis. Une théorie politique des droits des animaux* (2011), trad. Pierre Madelin, coll. « Essai-Sociétés », Paris, éd. Alma, 2016, 404 p.

quelles sont celles qu'il revient à la politique de traiter, à savoir la capacité de suivre des normes, la possibilité d'être autonomes, ainsi que les « différentes formes de souveraineté territoriale, de colonisation, de migration, d'appartenance sociale ».

Il s'agit donc bien de concevoir une politique des droits des animaux, fondée sur l'idée de communauté citoyenne, où seraient associés droits négatifs universels et droits positifs différenciés, pour les animaux comme pour les hommes.

La portée de *Zoopolis* est considérable dans l'avancée du mouvement antispéciste. C'est un saut qualitatif majeur vers l'élaboration d'une théorie politique qui s'inscrit dans le prolongement des divers combats pour la reconnaissance des droits des minorités (raciales, sexuelles, ethnique ou encore religieuse) : désormais, ces nouveaux *résidents* sociaux que sont les animaux sont à inclure dans la citoyenneté. Tout un lexique spécifique est défini, dont on note aujourd'hui l'utilisation de plus en plus répandue dans le débat politique : agentivité (c'est-à-dire la capacité des animaux à agir de façon intentionnelle sur les autres et le monde), animaux liminaires (qui vivent en liberté dans l'espace urbain et dont l'habitat a été profondément modifié par l'urbanisation et le mode de vie des hommes), animalité, etc. Une véritable politique des droits des animaux est élaborée, fondée sur l'idée de communauté citoyenne, où seraient associés droits négatifs universels et droits positifs différenciés, pour les animaux comme pour les hommes. Cette politique influence déjà profondément l'administration. Il suffit, pour s'en convaincre, de prendre par exemple connaissance des normes[33] pour la

33. https://professionnels.ofb.fr/sites/default/files/png/PNG% 202011/f_08-05_cle29b691.pdf

libre circulation des poissons sur les cours d'eau imposées aux maîtres d'ouvrage pour les projets de reconstruction ou de mise en conformité des ouvrages de navigation sur les rivières (turbines, moulins, écluses, etc.) : les poissons doivent désormais bénéficier de passes à poissons, qui sont à proprement parler des ouvrages artificiels de franchissement piscicole. Comme si les poissons du XXIe siècle avaient perdu une faculté de remonter les cours d'eau et de franchir les obstacles, que leurs ancêtres possédaient naturellement. Cet exemple n'est pas anecdotique.

Certes, toutes les revendications antispécistes n'ont pas encore été positivement prises en compte. Mais dans notre époque de grande méconnaissance anthropologique, il y a tout à parier que ce combat éthique et politique gagnera en intensité dans les années à venir et que les barrières légales qui existent encore seront remises en cause.

L'antispécisme, un néo-marxisme ?

Sous beaucoup d'aspects, l'antispécisme politique est un nouveau marxisme. Il renoue avec le geste révolutionnaire de la table rase. Pour lui, il y a l'homme du passé, enfermé dans ses habitudes, ses passions et ses superstitions nocives ; et il y aura l'homme nouveau : celui qui aura pris conscience de son aveuglement et qui agira pour se transformer du tout au tout… Aymeric Caron, le chef de file des antispécistes français, n'hésite pas à affirmer que « la protection animale est le marxisme du XXIe siècle[34] », au motif que les animaux seraient des prolétaires comme les autres et que la lutte contre toutes les formes

34. Titre choisi par *L'Obs* pour un entretien avec Aymeric Caron, publié le 7 avril 2016, pour la promotion de son livre *Antispéciste. Réconcilier l'humain, l'animal, la nature*, coll. « Points documents », Paris, Points, 2017, 480 p.

d'exploitation engloberait aujourd'hui le combat contre l'exploitation animale, caractéristique du système libéral. L'humanité aurait mis trop longtemps à le reconnaître et ce serait une avancée majeure du siècle présent. Caron l'avoue, le rapport à l'animal et l'écologie doivent nécessairement interroger les fondements de notre civilisation. L'écologie de bonne volonté, pour reprendre ses termes, ne suffit pas. Il appelle de ses vœux une *écologie essentielle* : « Rapprocher le sort de l'animal et du travailleur exploité n'est pas suffisant, si l'on ne parle pas du nécessaire développement du droit des animaux. Et de la construction d'une civilisation antispéciste », écrit-il dans les colonnes du *Nouvel Observateur* en 2016[35].

Quoiqu'il existe des divergences entre animalistes et communistes, le schéma antispéciste est cependant extrêmement similaire au schéma marxiste : les deux dénoncent des structures de domination appuyées sur le dogme judéo-chrétien et perpétuées par les États libéraux qui laissent aux forts le pouvoir d'exploiter le faible.

Certes, les prétentions du communisme sont quelque peu dépassées aujourd'hui. Las, l'antispécisme rejoint la vaste galaxie de la convergence des luttes et de l'intersectionnalité : puisque le *prolétaire* n'a plus le vent en poupe, il suffit de considérer les animaux comme une *minorité* opprimée parmi tant d'autres. Singer dira lui-même que le mouvement pour la libération des personnes de couleurs a servi de modèle. Ironiquement, le marché y trouve un intérêt avec l'essor du véganisme : la fin de l'alimentation carnée ne rimera pas avec la décroissance de l'industrie alimentaire, grâce au vaste marché des substituts végétaux et des viandes alternatives.

---

35. Aymeric Caron, « La protection animale est le marxisme du XXIe siècle », in *Le Nouvel Observateur*, 7 avril 2016.

Il ne faut pas sous-estimer les prétentions révolutionnaires des antispécistes. L'antispécisme refuse l'anthropologie réaliste, fondée sur l'acceptation du réel, qui nous dit que l'homme se distingue fondamentalement des autres espèces vivantes. Pour les antispécistes, cette vision est le prolongement de ce qu'était l'erreur du racisme (certaines races seraient naturellement supérieures à d'autres) et du sexisme (les hommes dominent « naturellement » les femmes). Rappelons ici en aparté que ces deux dérives sont de graves erreurs et s'opposent à l'anthropologie chrétienne. Rappelons aussi que, malheureusement, notre époque ne sachant se satisfaire de l'acquis de la reconnaissance de l'égale dignité des femmes ou de celle des personnes de couleur, s'attelle aujourd'hui à la déconstruction du dualisme naturel entre le masculin et le féminin et s'acharne à condamner un hypothétique éternel coupable : l'homme blanc hétérosexuel.

S'agissant de l'antispécisme, Aymeric Caron affirme qu'il s'agira du mouvement révolutionnaire le plus important des décennies à venir, « la révolution copernicienne ou le marxisme du XXIe siècle ». Nous pouvons malheureusement le craindre, vu la rapidité de son essor. Tactiquement, d'abord, l'antispécisme politique est profondément révolutionnaire : il culpabilise les individus (voire les menace) pour les forcer à se convertir et à agir dans le sens de l'histoire que les élites éveillées (*woke*) seraient les seules à comprendre. Hypocritement, ce projet révolutionnaire ne vise plus tant à donner le pouvoir au peuple qu'à changer le peuple.

Plus fondamentalement, il y a tout à craindre que l'antispécisme politique ne devienne la nouvelle grille de lecture morale du monde. Comme l'antiracisme ou le féminisme avant lui, l'antispécisme conditionnera notre rapport au monde à l'avenir, mais d'une façon nouvelle et autrement plus bouleversante pour l'humanité : car le combat intersectionnel pour l'extension des droits individuels des minorités aboutit certes à élargir le contenu de ces droits, mais surtout à élargir la communauté des individus à qui les accorder. Or, ce combat qui fut légitime pour les personnes de couleur et pour les femmes – même s'il est dévoyé par le wokisme et le féminisme idéologique –, l'est-il réellement s'agissant des animaux ? Le risque de cette inclusion – avant de parvenir assez logiquement à celles des végétaux ou des robots – est bien réel et surtout bien entamé, à moins qu'un gigantesque sursaut de bon sens et d'honnêteté ne réveille sans tarder nos contemporains.

Dans le contexte actuel que nous connaissons, où les évolutions technologiques posent des questions morales de plus en plus difficiles, et où le législateur transgresse toujours davantage les limites objectives de la nature, les conséquences de la mutation anthropologique apportée par l'antispécisme sont bel et bien considérables pour l'existence des hommes. L'antispécisme est un véritable antihumanisme. Il pose avant tout une question métaphysique : l'animal a-t-il une égale dignité à celle de l'homme en tant que personne ?

À cette question fondamentale, nous aimerions apporter quelques pistes de réponse.

La négation de la valeur intrinsèque de la vie humaine

Ce qui est au cœur de la pensée antispéciste et qui la rend condamnable en premier lieu, est qu'elle nie la valeur intrinsèque de la vie humaine. Elle prend pour point de départ la déconstruction philosophique de la frontière entre l'homme et l'animal. Elle contredit le fondement de notre conception des droits de l'homme et tout le système de pensée qui soutient l'affirmation de ces droits : la dignité inaliénable et sacrée de chaque personne humaine.

Il faut bien comprendre que l'anthropologie classique, contrairement à ce que sous-entendent les antispécistes, ne vise pas à déprécier l'animal. Elle cherche à dire ce qu'est l'homme. Cela la conduit à contempler ce qu'il y a d'admirable en lui. De cette observation du vivant, elle déduit une prééminence manifeste de l'espèce humaine à laquelle l'animal ne peut prétendre. En ce sens, le *carnisme*, concept inventé par les antispécistes pour assimiler l'anthropologie classique au *racisme*, est un piège fallacieux. L'anthropologie classique et l'humanisme ne sont pas des idéologies qui chercheraient à imposer des concepts à la place d'une observation de principes de bon sens. Non, notre représentation de l'homme et de l'animal n'est pas le produit d'une idéologie, ou alors il faudrait jeter toute la pensée occidentale. Et on peut légitimement élever l'homme à une dignité supérieure sans pour autant haïr l'animal.

> Car dans le sens commun, le fait de considérer différemment les animaux en fonction de notre intérêt ne soulève pas de difficulté particulière. Ceux-ci nous étant inférieurs, nous tâchons tant bien que mal de limiter les souffrances de tous, mais nous ne jugeons pas immoral de mettre à mort certains d'entre eux dans notre intérêt, pour en faire de la viande ou des vêtements ; quant à ceux que nous choyons plus particulièrement, c'est que là encore, nous jugeons qu'il est dans notre intérêt de nous faire parmi le monde animal des compagnons fidèles. Tout cela ne relève pas d'une idéologie mais d'un ordre des choses que nous tenons pour naturel – au sens où nous pensons que l'homme est d'une nature plus élevée, plus *digne* que l'animal[36].

36. Paul Sugy, *op. cit.*, p. 113.

On saisit facilement que le nœud de la discorde se situe autour de la question de la *nature*. Pour les antispécistes, la différence faite entre l'homme et l'animal est une pure construction intellectuelle arbitraire des humains pour asseoir leur domination. Pour nous, elle est seulement naturelle, et elle est confirmée par l'humble observation du vivant : l'homme et l'animal ne sont pas à l'origine de leur propre existence, mais ils reçoivent celle-ci comme un donné. Et ce donné diffère dans son essence et dans sa finalité.

Le problème auquel nous sommes confrontés aujourd'hui est que le positivisme moderne, en niant toute détermination extérieure à l'homme, s'oppose frontalement à l'existence de la loi naturelle et remet en cause cette perspective fondamentale de la pensée éthique de la civilisation occidentale. On refuse aujourd'hui de reconnaître qu'il puisse exister une origine extérieure à l'homme qui le transcende en même temps qu'elle l'ordonne à une fin. On considère que cela *limite* l'homme au lieu de considérer que c'est l'objet de son *accomplissement*.

> Nous payons aujourd'hui le prix qu'a coûté cette folie : puisque l'homme a désiré s'emparer de sa nature en prétendant la dompter, les antispécistes l'accusent désormais de l'avoir tout bonnement inventée[37].

Pour Singer et les antispécistes, la vie ne serait qu'un contenant à partir duquel se développeraient les potentialités de chacun. Seules ces dernières, qui varient selon l'âge et les individus, seraient objets de valeur parce que ce sont elles qui donneraient un intérêt à la vie et l'accès au bonheur. Rien ne justifierait le caractère sacré de la vie en

37. Paul Sugy, *op. cit.*, p. 120.

tant que telle. Au contraire, les vies seraient classables en valeur selon l'accès des individus au bonheur et leur égal intérêt à ne pas souffrir. Avec cette manière de raisonner, seuls sont concernés les êtres qui ont développé la capacité d'avoir conscience des afflictions sensibles (ce que les antispécistes appellent la *sentience*). Ainsi, comme nous l'avons déjà exposé plus haut, l'euthanasie d'une personne gravement handicapée réduite à un état végétatif ou l'avortement d'un fœtus malformé se justifieraient-ils davantage que l'abattage d'un bœuf en pleine maturité (qui, soit dit en passant, a déjà subi une mutilation dont nul ne pense à s'offusquer).

Quand le transhumanisme prétend définir un seuil de qualité de l'humanité fondé sur des critères *objectifs* physiques et intellectuels, l'antispécisme prétend quant à lui juger de la légitimité de la vie des êtres humains ou non humains à partir des critères *subjectifs* d'intérêts à vivre et d'accès au bonheur. L'une et l'autre idéologie sont condamnables au même titre: elles mettent une barre qualitative à la dignité de la vie humaine.

La pente glissante du matérialisme biologique

Un second point qui rend condamnable la pensée de Singer est la pente glissante du matérialisme biologique. Les antispécistes réduisent la nature humaine à sa dimension biologique, commune aux animaux. Ce faisant, ils imposent les sciences de la vie comme les seules valables et l'antispécisme comme un aboutissement de la morale, et abandonnent toute possibilité d'entreprise métaphysique[38].

---

38. Paul SUGY, *op. cit.*, p. 134.

Mais faut-il chercher des lois morales dans la biologie? La biologie peut-elle tout dire au sujet de la nature de l'homme et de ses aspirations les plus profondes? L'antispécisme fait l'impasse sur le mystère profond de l'existence humaine : la vie intérieure. Les hommes ne peuvent pas être réduits à leur seule nature biologique. Cela revient à déprécier en l'être humain tout ce qui le rend plus qu'un simple être vivant, à nier sa nature spirituelle qui dépasse la simple vie biologique.

Singer, dans sa façon de mettre en exergue la souffrance animale, se limite à la souffrance physique. Il ne fait qu'énoncer des propriétés du corps humain et sous-entend que celles-ci peuvent expliquer tous les phénomènes humains, ce qui est scandaleusement réducteur. Il réduit le bonheur et la souffrance à être des expériences sensibles et, par extension, l'éthique à être une question biologique.

Ainsi la pensée antispéciste pose-t-elle sans le vouloir la question de l'union de l'âme et du corps. Profondément imprégnée d'athéisme et du récit évolutionniste, elle refuse la possibilité d'un discours religieux et spirituel sur l'homme. L'idée d'une supériorité *spirituelle* de l'homme est récusée. Ce faisant, la question de la légitimité de l'existence de l'homme est contrainte à être posée empiriquement, du point de vue de la vie biologique que nous avons en commun avec les animaux. Mais peut-on penser le bonheur en termes uniquement sensitifs? Le bonheur et la souffrance se limitent-ils à leur composante biologique? Ne serait-ce pas les réduire à être une expression de la matière organique et nier la primauté de l'esprit sur le corps? En réduisant la question de dignité de la vie à celle de souffrance, l'antispécisme est terriblement réducteur pour l'homme. Il fait une impasse sur sa nature relationnelle et sa dimension spirituelle. Il ignore la vie intérieure, cette conversation intime de chacun avec soi-même, cette faculté proprement humaine qui est vouée à devenir une activité divine quand l'homme, se décentrant de lui-même, entre en conversation avec Dieu. Il nie cette faculté proprement humaine qui donne aux hommes, par la vie intérieure, la capacité de trouver le bonheur surnaturellement, y compris dans la souffrance ou l'incapacité physique.

De nombreux penseurs ont montré qu'il est difficile d'expliquer la vie de l'esprit en termes uniquement physiques. Dans son *Essai sur les données immédiates de la conscience*, Bergson montre qu'on ne peut pas mesurer la vie de la conscience et que la vie intérieure ne peut pas être quantifiée. Certes, on observe une solidarité entre la conscience et le corps : ce qui arrive à l'un a une répercussion sur l'autre. Mais cela ne veut pas dire que les deux réalités sont équivalentes et que cette solidarité n'est pas une causalité. Plus proche de nous, le généticien et neurobiologiste Alain Prochiantz a montré l'existence d'une altérité radicale entre l'homme et l'animal et « que le faible pourcentage de différence génomique entre l'homme et le chimpanzé dissimule en réalité des différences incommensurables[39] ». On pourrait dire, avec les mots de Bergson, que la conscience est accrochée au cerveau comme un manteau à un clou. Il existe bien une autonomie de l'esprit par rapport au corps que la science ne peut expliquer, ce que les antispécistes refusent d'admettre.

Bien sûr, la science constate une certaine relation entre le cerveau et la conscience, mais elle affirme en même temps que cette relation n'est pas exhaustive. Par opposition, Singer a une vision proprement matérielle de la biologie : il perçoit l'intelligence comme un outil et

39. Alain Prochiantz, *Singe toi-même*, Paris, Odile Jacob, 2019, 336 p., cité par Paul Sugy, *op. cit.*, p. 137.

comme quelque chose de matériel. En reprenant Darwin, il note à titre d'exemple, pour justifier son propos, une progression du métabolisme du cerveau. Il y aurait selon lui une continuité matérielle des corps, et notamment une continuité intellectuelle. Cela justifierait l'idée que l'intelligence est un fruit de l'évolution, une astuce des espèces pour s'adapter à leur environnement. Se faisant, Singer réduit la vie de l'esprit à la vie cérébrale.

Les progrès des neurosciences prouvent que cette vision est erronée et incomplète : la conscience n'est pas localisable dans le cerveau. Une des raisons en est que les pensées ne sont pas comme des briques que l'on peut assembler, mais les pensées sont toutes entremêlées. Dans l'espace, les choses sont juxtaposées, sauf dans la vie intérieure où elles sont mêlées. Quand l'homme a une pensée, celle-ci est marquée par les autres pensées que l'homme a eues précédemment. Il n'a jamais une pensée à l'état pur. Il n'a jamais non plus exactement les mêmes passions et émotions, car sa vie s'enrichit de jour en jour de pensées et de circonstances. L'expérience qu'il vit est toujours nouvelle. Ainsi ne peut-on pas comparer une pensée à une autre pensée. Le vécu est dans le temps un jaillissement perpétuel de nouveauté. Dans l'état actuel de la connaissance scientifique, l'étude du cerveau et des capacités de la pensée ne peut pas tout dire de la pensée. La conscience échappe à la science. Certes l'imagerie cérébrale montre qu'il y a dans le cerveau des aires cérébrales à qui sont liées des fonctions mentales (imagination, mémoire, calcul, abstraction…). Dans une vision purement matérialiste, certains scientifiques en tirent la conclusion que si le cerveau est détruit, l'esprit ne peut plus s'exercer et il n'y a donc pas de survie après la mort. Cette vision matérialiste est erronée : la conscience prouve en effet que l'esprit n'est pas un effet de la matière, ni une complexité de la matière. L'intelligence artificielle en atteste : elle ne fonctionne pas comme l'intelligence humaine. Ce n'est pas parce que la machine fait de grandes choses qu'elle en a conscience.

> On ne ramènera jamais les manifestations de notre âme aux propriétés brutes des appareils nerveux pas plus qu'on ne comprendra de suaves mélodies par les seules propriétés du bois ou des cordes du violon nécessaires pour les exprimer[40].

La conscience humaine a besoin du cerveau pour s'exercer, mais elle n'en a pas besoin pour exister. Elle n'est pas créée par le cerveau. L'âme seule semble être le principe de la conscience. Ainsi, la conscience s'exprimera-t-elle moins dans un cerveau abîmé, mais existera cependant. En contemplant la conscience de l'homme, on saisit la possibilité qu'il y ait quelque chose en lui qui dépasse la simple matière organique. Plus spécifiquement, la conscience morale, cette faculté de porter des jugements de valeur moraux sur des actes accomplis par soi ou par autrui, semble attester l'origine divine de l'esprit humain. Elle manifeste bien la capacité de l'esprit humain d'être élevé au surnaturel. Elle est le signe qu'on ne peut pas réduire l'homme à sa vie sensitive. Chez l'homme, il y a bien une primauté de l'esprit sur le corps qui le distingue des autres êtres vivants.

Le seul moyen dont l'antispécisme dispose pour refuser l'idée que la vie humaine est sacrée, c'est-à-dire placée à part, est de « censurer le sacré lui-même, le

---

40. Claude Bernard, *Lettres beaujolaises publiées et annotées par Justin Godart*, Villefranche-en Beaujolais, éd. du Cuvier, 1950, 254 p.

fait d'accorder de la valeur à une chose plutôt qu'à une autre[41] ». Il est donc contraint de poser un regard matérialiste sur le monde, et d'imposer l'idée que le vivant n'est que pure matière. En prétendant quantifier la douleur ressentie, l'idéologie antispéciste fait explicitement l'impasse sur la dimension spirituelle et surnaturelle de l'homme. Elle prend comme point de référence des buts d'ordre essentiellement physique (éviter la souffrance physique quand elle est perceptible par les sens) pour distinguer entre pratiques licites et illicites.

Cela entraîne bien des confusions. L'homme, doté d'une intelligence faite pour la vérité et la sagesse, a un registre de pensée beaucoup plus varié, vaste et subtil que le simple ressenti. La conscience humaine se situe dans un corps façonné par des millions d'années d'évolution, avec des capacités de raison, de création, de vie psychique et de profondeur spirituelle. Ce que le concile Vatican II rappelle dans l'article « Dignité de l'intelligence, vérité et sagesse » de la constitution *Gaudium et Spes* :

> Participant à la lumière de l'intelligence divine, l'homme a raison de penser que, par sa propre intelligence, il dépasse l'univers des choses. Sans doute son génie au long des siècles, par une application laborieuse, a fait progresser les sciences empiriques, les techniques et les arts libéraux. De nos jours il a obtenu des victoires hors pair, notamment dans la découverte et la conquête du monde matériel. Toujours cependant il a cherché et trouvé une vérité plus profonde. Car l'intelligence ne se borne pas aux seuls phénomènes ; elle est capable d'atteindre, avec une authentique certitude, la réalité intelligible, en

41. Paul Sugy, *op. cit.*, p. 138.

> dépit de la part d'obscurité et de faiblesse que laisse en elle le péché. [...] La nature intelligente de la personne trouve et doit trouver sa perfection dans la sagesse. Celle-ci attire avec force et douceur l'esprit de l'homme vers la recherche et l'amour du vrai et du bien ; l'homme qui s'en nourrit est conduit du monde visible à l'invisible. Plus que toute autre, notre époque a besoin d'une telle sagesse, pour humaniser ses propres découvertes, quelles qu'elles soient[42].

Certes, ce que l'homme désire fondamentalement, c'est d'être et de vivre heureux. Mais c'est un raccourci trompeur que d'en conclure que la recherche du bonheur a pour corollaire exact le fait d'éviter la souffrance physique. Éviter la souffrance n'est pas l'intérêt fondamental de l'homme. Le principe de son action n'est pas réductible au fait d'éviter la souffrance. L'homme réalise d'abord sa quête du bonheur au travers des relations qu'il tisse et entretient avec les autres êtres humains et surtout avec Dieu. Cette relation première, principe de toutes les relations, lui est donnée par la foi. Elle échappe absolument à la biologie.

> Or c'est là le point aveugle de l'antispécisme. Car cette doctrine se fonde sur une approche exclusivement centrée autour de la biologie et des connaissances que cette science du vivant nous donne du monde animal. Mais s'il est bien un domaine où la biologie se révèle inapte, c'est précisément pour penser la conscience qu'a l'homme de lui-même, et la réflexion qu'il mène sur les principes

42. Concile Vatican ii, Constitution pastorale Gaudium et spes (7 décembre 1965), n° 15.

de sa propre action. Cette connaissance nous vient de l'ensemble des sciences humaines : l'homme se connaît lui-même par la psychologie, la sociologie, les sciences politiques, la philosophie ou même la littérature… Nos principes moraux et juridiques ont été élaborés, au fil des siècles, grâce à la somme de toutes ces connaissances. Les sciences humaines réussissent donc ce dont la biologie seule est incapable : isoler l'homme de toutes les autres espèces animales, comme étant un être réflexif, capable de penser sur sa propre pensée[43].

La déconstruction de l'homme

Enfin, l'antispécisme dépossède l'homme de ce qu'il possède en propre et qui le distingue des animaux : la faculté de penser le monde et de définir les choses en leur donnant un sens. Son postulat de départ est en lui-même désordonné : s'il y a des discriminations entre les espèces, c'est que les identités sont erronées. Pour venir à bout des discriminations, il faut donc déconstruire les identités, faire table rase des données naturelles du vivant, s'interdire d'identifier autrui.

Ce faisant, en prétendant libérer l'homme du joug de son inhumanité, il n'élève pas l'animal à l'homme, mais il abaisse l'homme à l'animal. Car donner du sens aux choses par la raison et le cœur conscient, c'est le signe que l'homme a conscience que la vie est digne de signification, que les hommes possèdent une dignité propre ; c'est le signe que l'homme réfléchit la dignité de sa nature, c'est le

43. Paul Sugy, « Derrière le militantisme végan, la puissante idéologie antispéciste », in *Le Figaro*, 1er novembre 2018.

signe qu'il est un homme. L'humanité est inséparable de la démarche philosophique, du désir de dire quelque chose du monde et de reconnaître la dignité de son ordonnancement naturel. En refusant catégoriquement de nommer le vivant et de l'identifier, l'antispéciste déteste l'homme et participe à sa propre déconstruction, pour ne pas dire sa propre destruction. Il remet radicalement en cause les fondements et les acquis de notre civilisation.

Par conséquent, il est nécessaire, face à l'antispécisme, de rappeler avec force la légitimité de la loi naturelle, et de rappeler que celle-ci ne s'édicte pas : elle se reçoit humblement et se respecte comme telle, comme un donné de notre existence.

L'antispécisme doit donc en lui-même être considéré comme funeste, car il est l'accomplissement ultime de la déconstruction de l'ordre naturel et conduit l'homme à l'automutilation. En déconstruisant méthodiquement la nature universelle, en niant l'existence d'une nature singulière commune à tous les hommes qui existe indépendamment de tel individu ou telle culture en particulier, l'antispécisme représente une menace pour l'existence de l'humanité tout entière.

***

5

Et si la réponse ultime résidait dans l'acte de foi ?

Les trois idéologies que sont le transhumanisme, les études de genre et l'antispécisme ont en commun de s'attaquer à la nature humaine comme telle, au sens philosophique, dans ce qu'elle a d'essentiel et de bon (et non pas dans la nature déréglée par le péché originel, telle qu'elle est de fait, quoiqu'il y ait aujourd'hui une méconnaissance de cette distinction). Le XXIe siècle est frappé de plein fouet par ces idéologies intrinsèquement opposées au bien de la personne. Leur perversité réside dans l'attrait dont elles sont paradoxalement pourvues, car toutes se drapent sous le voile de la bienfaisance pour se rendre légitimes au plus grand nombre. Nous l'avons vu, ces idéologies ont des racines anciennes. Elles ont profondément imprégné la culture dominante. Insidieusement, chacune dénature l'homme à sa façon et participe à le maintenir dans une désespérante méconnaissance de sa source et de sa finalité propre.

Le transhumanisme dénie à la nature humaine sa perfection, car il la considère comme inachevée : « Si rien ne nous convient dans le réel, l'homme lui-même doit être transformé », dit avec justesse François-Xavier Bellamy.

> Car « le rêve du transhumanisme n'est rien d'autre que le projet de ce changement appliqué à l'auteur du changement lui-même : il s'agit de vaincre les frontières qui limitent son mouvement, d'éliminer les rigidités, les pesanteurs de la vie humaine[1]. »

Les études de genre dénient à la nature humaine son équilibre conféré par le donné biologique et par l'altérité biologique, car elles considèrent l'équilibre naturel comme un élément secondaire par rapport à la suprématie des désirs et du ressenti, et comme un élément déformé par des impératifs culturels. Elles signent le triomphe de la pensée subjective sur le réel. L'antispécisme dénie à la nature humaine sa transcendance et son caractère sacré, car il la considère comme usurpatrice et mauvaise en soi. Paradoxalement, ces trois idéologies entrent en conflit : elles ne trouvent pas leurs motivations dans les mêmes causes et celles-ci se contredisent parfois, alors qu'elles se nourrissent les unes des autres et procèdent du même vaste mouvement de déconstruction de la nature.

Il nous semble insuffisant de répondre à ces désordres profonds par le seul rappel de la loi naturelle, même si celui-ci est nécessaire. Quand on explique par les seules lois naturelles les malheurs qui affligent les peuples (par exemple en voyant la misère des peuples comme le seul résultat de faits économiques ou politiques désordonnés), on risque d'oublier que ces malheurs ont une cause morale plus profonde et proviennent de ce que beaucoup d'hommes mettent leur fin dernière là où elle n'est pas, dans des biens naturels ou matériels qui divisent, au lieu de la mettre dans le Bien surnaturel qui seul unit. Même

1. François-Xavier Bellamy, in *Osservatore romano*, Alessandro Vergni, 20 janvier 2022.

la loi naturelle dans sa version laïque, sans le rappel de la source dont elle émane et sans l'humble assentiment de l'esprit à la recevoir comme un don révélé, semble buter fatalement contre le fait du mal dans le monde. Un doute tenace demeure toujours sur l'origine de cette nature et sa légitimité. La loi naturelle trouve dans la loi éternelle sa vérité première et ultime : « Seul parmi tous les êtres animés, l'homme peut se glorifier d'avoir été digne de recevoir de Dieu une loi : animal doué de raison, capable de comprendre et de discerner, il réglera sa conduite en disposant de sa liberté et de sa raison, dans la soumission à Celui qui lui a tout remis[2] ». Ainsi, « ne pas agir selon la raison est contraire à la nature de Dieu[3] », et l'acte raisonnable demeure incomplet s'il n'est pas conforme à la nature de Dieu.

Comment donc porter remède à ces désordres contemporains dont nous souffrons tous plus ou moins ? Cela paraît impossible sans la profession de foi et sans une radicale conversion des cœurs et des peuples : « L'héroïsme chrétien deviendra un jour l'unique solution des problèmes de la vie[4]. » Seule la foi, en révélant la cause et la finalité suprême de tout être, permet de comprendre et de porter un jugement de valeur définitif sur ces idéologies nihilistes. Le grand problème actuel se trouve dans le conflit entre l'universalisme du règne du Christ, qui libère les âmes et restaure les êtres, et le matérialisme ou le naturalisme qui conduisent à l'oppression des faibles et à la dénaturation du vivant. L'hébétude spirituelle dans

2. Tertullien, Marc. 2,4.

3. *Controverse*, VII 3b – c: Khoury, p. 144-145, cité par Benoît XVI, *Discours de Ratisbonne, Rencontre avec les représentants du monde des sciences*, grand amphithéâtre de l'université de Ratisbonne, 12 septembre 2006.

4. Jacques Maritain, *Le Docteur Angélique*, Paris, Desclée de Brouwer, 1930, p. 111.

laquelle se trouve notre époque empêche d'entendre la prédication de Dieu qui parle dans les événements contemporains. Les différents mouvements de déconstruction de l'homme, sous couvert de sa libération, attirent les âmes en sens inverse de leur restauration, vers le matérialisme et le désespoir. Cela se vérifie non seulement pour les individus, mais aussi pour les peuples entiers, comme ceux de notre vieil Occident.

À ces différentes idéologies erronées, la Révélation chrétienne répond qu'il existe une Vérité, une Vérité incarnée qui éclaire le mystère de l'homme et qui permet de le saisir, *sur*naturellement, c'est-à-dire d'une façon qui dépasse les lois naturelles connues, sans les contredire cependant. Avec la Révélation, nous comprenons que la vérité se situe entre ces erreurs ou plus précisément au-dessus d'elles comme un sommet. Nous croyons que la Révélation apporte une réponse à l'humanité désespérée et perdue. Elle est même LA réponse. Nous aimerions dans ce chapitre oser proposer le choix oublié de la foi.

Pourquoi ne pas, afin de réconcilier l'homme avec son humanité, réapprendre à contempler la nature humaine *en tant que telle*, telle qu'elle fut créée originellement par le Dieu créateur, comme nous le révèlent l'Ancien et le Nouveau Testament ? Pourquoi ne pas oser croire que la Révélation est avant toute chose une alliance entre un Dieu créateur et les hommes, ses créatures, et que cette alliance est bonne et fiable pour les hommes ? Pourquoi ne pas tenter ce mode d'emploi de la nature humaine, celui des dix commandements et des Béatitudes, cette ancienne grille de lecture aujourd'hui oubliée et suspecte ? Pourquoi pas, finalement, puisque toutes les autres recettes semblent aller à la perte de l'humanité ?

Certes, si on pose cet acte de foi, il faudra prendre tout le bagage de la Révélation : il faudra apprendre à nouveau quelles sont les conséquences du péché sur la nature, à la fois le péché originel et nos péchés personnels plus ou moins conscients : dérèglement des sens et des émotions, de la connaissance et de l'usage de la liberté, faiblesse de la volonté, mais aussi survenue des maux du monde (maladies, vieillissement, guerre, famine etc.). C'est inconfortable ! Mais toute transformation n'est-elle pas précédée d'un grand moment d'inconfort ? D'ailleurs, nous pressentons que loin de nous limiter à l'inconfort de la prise de conscience, la Révélation contient la possibilité d'une guérison, d'une restauration de l'être, car elle nous permet de distinguer la nature humaine telle qu'elle est *de fait*, de la nature telle qu'elle est utilisée dans la conduite de la vie depuis le péché originel. C'est une première étape, et non des moindres.

Puis nous découvrirons comment la Révélation apporte la grande réponse du salut et de la rédemption, comment elle, et elle seule, contient la réponse à nos maux et à notre détresse, la promesse surnaturelle de la restauration de l'être sans nier le réel, la victoire sur le Mal et la possibilité d'une infinie perfection qui n'est pas dominatrice de notre univers finalisé, mais salvatrice de celui-ci. La finalité de l'homme s'ouvre sur la possibilité d'un infini miséricordieux. Avec la Révélation, nous pouvons comprendre l'ordonnancement du créé, sa cohérence et sa beauté, saisir son mystère et nous en contenter sans chercher ni à le dominer de façon despotique ni à le nier. Nous pouvons alors consentir au créé afin de parvenir à sa juste maîtrise, c'est-à-dire à une « domination » respectueuse et ordonnée de la création.

Enfin, il faudra recevoir avec foi et raison cet enseignement de l'Église : nous sommes appelés à rechercher le plein développement de la nature humaine *sous* la conduite de la grâce. Autrement dit, il faut croire et aimer que le don de la grâce ne détruit pas la nature, mais la perfectionne. Ainsi compris, tout ce qui constitue la nature humaine est une force à utiliser. Mais pour l'utiliser, il faut corriger, guérir, assouplir, redresser ce qu'il y a de déréglé en elle depuis le péché originel.

L'homme ne peut qu'être fortement déstabilisé par l'entreprise de dénaturation du réel et de falsification de sa dignité ontologique que notre époque traverse. Il hésite devant ces idéologies, sa posture est paradoxale. Il s'y soumet effectivement, en même temps que la mise en pratique de ces idéologies le dérange, quand elles ne suscitent pas son propre dégoût. Il a fermé son cœur à toute morale, c'est-à-dire à tout ce qui permet de qualifier ses actes en fonction des critères du bien et du mal et de les corriger dans le sens du bien de la personne. La morale lui est difficilement supportable, car elle semble contenir le risque d'entraver sa liberté dont la conception est ainsi remodelée par les Lumières et l'existentialisme sartrien. Pourtant, en même temps qu'il rejette la morale, l'homme contemporain est écœuré *ad nauseam* par les conséquences de l'endurcissement des hommes. Sartre l'a décrit dans son roman *La Nausée*: Roquentin, son personnage principal, ne peut plus se voir ni se sentir sans éprouver un profond dégoût. Il n'a plus d'affection pour personne. Mais au lieu de reconnaître dans le rejet de la métaphysique la cause de ce dégoût profond, Roquentin voit l'origine des maux dans la contingence de l'existence, considérée comme l'absence de toute explication rationnelle dans la détermination de ce qui existe ou non: « Maintenant, je savais: les choses sont tout entières ce qu'elles paraissent – et derrière elles... il n'y a rien[5]. » De fait, toute considération transcendante, toute recherche

5. Jean-Paul Sartre, *La Nausée*, coll. « Folio », Paris, Gallimard, 1972, p. 140.

d'une nécessité métaphysique semblent vaines pour notre époque, qui, étant prise dans l'étau de la présence pure de l'existence, va jusqu'à perdre le sens des mots via l'effacement de leur signifiant[6]. Autrement dit, le réel n'a de sens pour nos contemporains que s'il est perçu avec subjectivité. Cela n'est pas sans conséquences pour l'homme, ce qui fait dire à Roquentin :

> la diversité des choses, leur individualité n'était qu'une apparence, un vernis. Ce vernis avait fondu, il restait des masses monstrueuses et molles, en désordre[7].

Le réel, un monstrueux désordre? Le néant derrière les phénomènes? Quelle angoisse! Si rien ne vient justifier l'existence, cela laisse la place à tous les possibles, à toutes les dérives, à tous les dégoûts. Car si rien n'existe par nécessité et qu'il n'y a pas d'essence qui précède l'existence, c'est à l'homme que revient la responsabilité de donner un sens aux choses. Ce ne serait donc pas ce que nous sommes qui serait important, mais ce que nous faisons, les actions que nous posons, sans qu'aucune ferme base ne puisse en justifier la valeur. La tentation est forte de renoncer à affronter l'existence si rien ne la justifie. Comment se trouver prêt à affronter l'adversité si rien ne fonde la dignité des hommes? Là réside la source du désespoir et de l'angoisse.

Cette angoisse est dramatique et elle doit mobiliser toute notre compassion. Mais loin de se lamenter sur son constat, on peut voir en elle l'occasion d'une espérance,

---

6. Cf. Pierre Siguret, « La thérapie phénoménologique de la névrose existentielle. Le cas d'Antoine Roquentin dans *La Nausée* de Jean-Paul Sartre », *Semen*, n° 12, 10 avril 2000, consulté en ligne https://doi.org/10.4000/semen.1925

7. Jean-Paul Sartre, *op. cit.*, p. 182.

le signe d'un sursaut de bon sens qui rattache encore l'homme au réel. Car n'oublions pas que tout homme possède en lui, par nature, un sens moral originel qui résonne en lui et qui le pousse à chercher le bien et à fuir le mal. Il suffit pour s'en convaincre de lire les commentaires des citoyens ordinaires et de bonne foi à l'actualité accessible sur les réseaux sociaux : la barbarie, les meurtres, la violence scandalisent, à juste titre. Le mensonge et l'inconséquence de nos gouvernants scandalisent encore davantage. À l'inverse, les *fioretti* de charité et d'humanité réjouissent encore le cœur des hommes ! Oui, nous croyons que l'homme conserve, bel et bien ancrée en lui, cette faculté de discerner ce qui est conforme à sa nature et ce qui lui est contraire. Certes, cette faculté est amoindrie et abîmée par le péché, l'erreur et le mensonge. Mais elle n'en demeure pas moins présente et intangible

Cet antique instinct de la loi naturelle qui résonne en tout homme ne peut disparaître totalement, car il est inscrit dans notre nature humaine créée à l'image de Dieu.

À cette interrogation latente du cœur de l'homme qui le pousse à chercher le bien, nous aimerions apporter une réponse. Cette réponse est spirituelle. Il s'agit de celle de la foi, de la vie de la grâce, de la vie intérieure. Avec elle, l'homme ne se trouve jamais dans un état purement naturel. Il est tendu vers le surnaturel. La vie de la grâce est le germe de l'épanouissement de l'homme.

Il paraît impensable ou inacceptable aujourd'hui de proposer cette réponse spirituelle comme le socle de la restauration de l'homme. La démarche est devenue tellement inaudible et sujette à la caricature que plus personne ne s'y risque. Quel dommage, alors que le chrétien n'a rien à perdre, mais tout à gagner dans l'annonce de la foi et du mystère du salut !

Entrer dans ces discussions et s'opposer au genre, au transhumanisme ou à l'antispécisme sont en soi des entreprises périlleuses : nous serons toujours discrédités et réduits à l'état de jaloux crispés sur leurs traditions, complices de l'homophobie et partisans de la domination sur les femmes, renvoyés au camp du mal et de la réaction. Et puis, la culture moderne est trop profondément marquée par le scientisme, sous-entendant que seule la science est rigoureuse. Seule la science serait une affaire de vérité objective, tandis que les autres discours (religieux et philosophiques) seraient une question de valeur et donc subjectifs.

À contre-courant de ces lieux communs, et sans s'inquiéter des anathèmes qui nous pleuvront dessus, nous voulons rappeler la vérité première de la foi, que l'homme est créé à l'image de Dieu, et lui proposer de poser humblement un acte de foi afin de le réconcilier avec sa nature et sa vocation. Il s'agira en d'autres termes de proposer une réponse spirituelle au désespoir des hommes et aux dérives dont nous avons parlé précédemment.

Contempler Dieu pour contempler le vivant

Regardons donc de près le message de la foi. Que nous dit-il ? Qu'il y a un dessein parfait dans la création, car l'être humain est créé à l'image de Dieu : « Faisons l'homme à notre image et à notre ressemblance », dit le Seigneur dans le livre de la Genèse (1,26).

Considérons que cet enseignement n'est pas allégorique : si Dieu a fait l'homme à son image, c'est qu'être à l'image de Dieu est la raison de la création de l'homme. Saint Thomas dit que lorsque Dieu crée l'homme, il n'a pas d'autre modèle que lui-même. Seul le Fils de Dieu est l'image de Dieu, c'est-à-dire qu'il est la parfaite image du Père. L'homme, quant à lui, est *à* l'image de Dieu, *ad imaginem et similitudinem Dei*, c'est-à-dire qu'il tend vers la perfection divine. Il y a bien une trace du Créateur dans la créature : Dieu laisse sa trace en nous.

Dans son acte créateur, Dieu a l'intention de communiquer à l'homme sa ressemblance et il le fait. L'homme possède donc en lui certains attributs qui le font participer à la nature de Dieu quoique ces réalités ne soient pas données à l'homme de façon parfaite. Cette vérité de la foi est aujourd'hui totalement oubliée. N'est-ce pourtant pas un soulagement de savoir que la dignité singulière de l'homme réside dans tout ce qui en lui est à l'image de Dieu ? De comprendre que l'homme ne serait pas un hasard de la nature, ni un élément inachevé de celle-ci ? La Révélation nous affirme au contraire que, dans l'économie originelle du salut, l'homme a été pensé par un Dieu tout-puissant et parfait, dans un acte de pure bonté ; qu'il est voulu et désiré par ce Dieu parfait comme reflet de sa perfection divine en vue de réfléchir de plus en plus le visage du Fils éternel de Dieu, jusqu'à la pleine configuration atteinte dans la vision ; et qu'ayant été créé dans ce dessein spécifique, il se distingue du reste du vivant. La finalité de l'homme est donc une finalité de perfection.

« Ô Dieu, qui avez créé la nature humaine d'une manière admirable et qui, d'une manière plus admirable encore, l'avez restaurée dans sa première dignité » : la nature humaine est admirable, c'est-à-dire digne d'admiration, nous apprend la prière de l'offertoire. Nous pouvons donc légitimement admirer la nature humaine, la contempler et l'accueillir avec confiance car la nature comme telle, dans ce qu'elle a d'essentiel et de bon, est une œuvre de Dieu. C'est cette nature originelle, non encore altérée par le péché et les convoitises, qui est une force à utiliser et qu'il faut s'appliquer à recevoir et à contempler. C'est un chemin sûr et solide et il y a une grande libération à la recevoir comme telle, sans chercher à la transformer ou à l'augmenter : si en effet, elle est le socle commun qui est donné à tout homme, de tous les temps et de toutes les cultures, pour atteindre la plénitude de la vie dans la vision béatifique, alors, oui, nécessairement, cette nature est bonne et il est bon de la contempler car « la grandeur et la beauté des créatures font, par analogie, contempler leur Auteur » dit le livre de la Sagesse (Sg 13,5).

La vie humaine, tout en n'étant pas le bien suprême de l'homme (seul Dieu est le bien suprême de l'homme) a donc une valeur fondamentale, parce que c'est à partir d'elle que se développent toutes les autres valeurs de la personne, c'est-à-dire toutes ses inclinations que sont à la fois ses instincts naturels (qui lui sont communs avec les animaux), mais aussi son attrait pour les biens fondamentaux (la connaissance du vrai et l'inclination au bien) et, par conséquent, pour tout ce qui concourt à la recherche de ces biens fondamentaux (vivre, éviter l'ignorance, ne pas faire de tort à son prochain, etc.). La morale naturelle et le sens commun montrent que la vie est un bien, et même le bien primordial. Respecter les lois naturelles inscrites dans la création et les rapports qui dérivent de la nature des choses est donc un principe de sagesse. Ce sont ces mêmes lois naturelles qui commandent de contempler l'égale valeur de chaque vie humaine, quels que soient l'âge, les capacités intellectuelles ou les aptitudes physiques de la personne. C'est là le grand message de l'humanisme et des grandes traditions religieuses, qui interdit de considérer que certaines vies valent moins que d'autres ou encore qu'une vie particulière ne vaut pas la peine d'être vécue.

La doctrine catholique va plus loin en proclamant que la vie de l'homme est un don merveilleux de Dieu, non seulement en elle-même, en tant que vie physique, mais aussi et surtout parce qu'elle est la préparation nécessaire à l'entrée dans la vie éternelle. Comprise ainsi, la loi naturelle inscrite dans le cœur des êtres vivants est une participation à la Loi éternelle. Celle-ci s'exprime selon deux modes différant suivant les créatures et la fin qui leur est propre[8] : les êtres irrationnels (animaux et végétaux) participent à la loi éternelle dans la mesure où ils sont orientés – déterminés – à une fin purement naturelle. L'homme, créature raisonnable, participe de façon plus intense à cette Loi éternelle parce qu'il est finalisé par nature vers la connaissance et l'amour du Dieu créateur, cause première des êtres. L'homme est donc appelé à une fin plus haute : la libre participation par la foi et la charité à la nature divine. L'homme ne peut pas atteindre par sa seule nature cette finalité ultime qui lui convient et pour laquelle il a été créé. Il lui faut la grâce de Dieu.

La loi naturelle sous-tend deux principes essentiels pour l'homme : le caractère *sacré* de la vie humaine, depuis le début de cette vie au moment de la conception jusqu'à sa mort naturelle ; et la *dignité* de la personne humaine, qui commande le respect de cette personne dans toutes ses dimensions, même si le degré subjectif de sa valeur semble compromis (par un handicap, la maladie ou la vieillesse par exemple) ou pas encore atteint (comme chez le fœtus par exemple).

Ainsi les hommes sont appelés à recevoir la vie comme un don, humblement, comme ses dépositaires puisqu'ils

---

8. Cf. saint Thomas d'Aquin, *Somme de théologie*, I-II, q.91, art.2, c. :« Ces êtres participent en quelque façon à la Loi éternelle par le fait qu'en recevant l'impression de cette Loi en eux-mêmes, ils possèdent des inclinations qui les poussent aux actes et aux fins qui leur sont propres ».

n'en sont pas la source. En tant que créature, ils reçoivent de Dieu tout leur être et leur avoir[9]. L'homme est le bénéficiaire de sa vie. Il n'en est pas le maître et possesseur :

> C'est un des principes fondamentaux de la morale naturelle et chrétienne, que l'homme n'est pas maître et possesseur, mais seulement usufruitier de son corps et de son existence[10],

et que ce corps et cette existence ont une haute valeur ordonnée par l'élévation infinie de leur fin surnaturelle.

Les limites de la nature dans l'économie originelle du salut

Pour pouvoir recevoir la condition humaine dans sa plénitude, telle qu'elle fut créée par un Dieu d'amour, il peut être utile de (re)découvrir quelle était la place des limites de la nature dans l'économie originelle du salut. L'homme est un être fini par nature et il possède ainsi sa bonté, sa perfection propre, son ordre et ses lois spécifiques. Cette finitude est inhérente à la nature créée. Elle est ordonnée au dessein de Dieu pour la création, qui est sa glorification. Les limites ne découlent pas du péché des origines. C'est Dieu lui-même qui a créé l'homme ainsi, avec les caractères singuliers qui sont ceux de la nature humaine au sein du reste du monde visible, dans toute sa richesse, sa diversité et son ordre. Toute l'histoire humaine s'enracine en cet événement primordial de la Genèse.

9. *Catéchisme de l'Église catholique*, n° 213.

10. Pie XII, Discours au IXe congrès de la Société italienne d'Anesthésie, 24 évrier 1957, consulté en ligne https://www.vatican.va/content/pius-xii/fr/speeches/1957/documents/hf_p-xii_spe_19570224_anestesiologia.html

L'ordre et l'harmonie du monde créé résultent de la diversité des êtres et des relations qui existent entre eux. À l'origine, les créatures vivaient harmonieusement leur dépendance de Dieu. Leur consentement était comme pré-naturel, et le premier homme reçut harmonieusement les règles de la création qui s'imposaient à lui et auxquelles il consentait. Aujourd'hui encore, ces lois de la nature qui font l'admiration des savants et des enfants reflètent l'infinie beauté du Créateur. Ces lois s'imposent à nous et la création doit inspirer le respect et la soumission de l'intelligence de l'homme et de sa volonté.

S'il existe une solidarité entre toutes les créatures du fait qu'elles ont toutes un même Créateur et que toutes sont ordonnées à sa gloire, l'homme se trouve cependant au sommet de l'œuvre de la création. Il tient une place unique dans la création car il est à l'image de Dieu, lui seul est rendu capable de connaître et d'aimer son Créateur. Lui seul est appelé à partager, par la connaissance et l'amour, la vie de Dieu. Il a été créé à cette fin et c'est là la raison fondamentale de sa dignité.

Dans sa propre nature, il unit le monde spirituel et le monde matériel : le corps humain donne ses limites à la personne humaine et est animé par une âme spirituelle. L'unité de l'âme et du corps est très profonde : l'esprit et le corps, dans l'homme, ne sont pas deux natures unies, mais leur union forme une unique nature.

Toutes les créatures matérielles, nous enseigne le livre de la Genèse, sont destinées au bien du genre humain : l'homme tout entier, dans son être à la fois corporel et spirituel, est donc voulu par un Dieu infiniment bon et parfait qui a tout créé pour lui ; en retour, l'homme, et toute la création à travers lui, est destiné à la gloire de Dieu en l'aimant et le servant[11].

11. *Catéchisme de l'Église Catholique*, n°s 355-368.

Adam et Ève avaient été constitués ainsi dans un état de sainteté et de justice originelle qui était une participation à la vie divine. Toutes les dimensions de leurs personnes en étaient confortées : ainsi, tant qu'ils demeuraient dans l'amitié divine, ne devaient-ils ni mourir (immortalité) ni souffrir (impassibilité). Leur nature était limitée, mais l'expérience des limites de leur nature n'était pas douloureuse. Au contraire, leurs limites étaient vécues harmonieusement. L'harmonie intérieure de leur personne, l'harmonie entre l'homme et la femme et leur harmonie avec le reste de la création constituaient l'état originel, appelé justice originelle : leur existence au paradis était une félicité. Avant la chute, ils étaient intacts et ordonnés dans tout leur être, corps et âme, libres de la triple concupiscence des sens, de la convoitise des biens terrestres et de l'affirmation de soi contre les impératifs de la raison. Le travail pour eux n'était pas une peine, mais la collaboration de l'homme et de la femme avec Dieu dans le perfectionnement de la création visible.

C'est toute cette harmonie de la justice originelle, prévue pour l'homme dans le dessein de Dieu, qui sera perdue par le péché de nos premiers parents. Désormais, l'homme fera l'expérience douloureuse des limites d'une nature rendue *corruptible*, corruptibilité dont il était exempt avant la faute en raison des privilèges gratuits (préternaturels) qu'étaient l'impassibilité et l'immortalité.

Ainsi, si l'on reçoit avec foi le récit de la création, saisit-on que la finitude de l'homme est inhérente à toute nature créée. En soi, elle ne peut pas être assimilée à un mal métaphysique, sauf à prétendre que ne pas être Dieu est un mal. Elle n'est pas non plus la conséquence du péché originel. L'homme fut créé ainsi, dans les limites propres qui sont celles de sa nature, et cette nature est bonne : « Dieu vit que cela était bon », nous dit le récit de la Genèse.

D'ailleurs, le mystère de l'incarnation donne à toute destinée humaine une nouvelle dimension : Dieu, en son fils Jésus, a choisi d'assumer les limites d'une humanité créée, de partager nos conditions d'homme. La prière après la première lecture de la vigile pascale du Missel romain dit ainsi que la première création trouve son sens et son sommet dans la nouvelle création dans le Christ, dont la splendeur dépasse celle de la première. « En réalité, c'est seulement dans le mystère du Verbe incarné que s'éclaire véritablement le mystère de l'homme[12]. » « Adam avait été créé comme un être humain qui a reçu la vie. Le Christ est un être spirituel qui donne la vie. Le premier a commencé, le dernier ne finira pas[13]. »

Il est urgent de redécouvrir le consentement à notre nature humaine, à ses finitudes et à son extraordinaire richesse qui la distinguent du reste du vivant et qui la font transcender le cosmos tout entier. Pour cela, il faut distinguer les limites originelles de la nature humaine, de celles, aussi naturelles, mais qui sont une conséquence de la corruptibilité de la chair. Il n'y a pas de risque pour l'intégrité de l'homme à se soumettre librement au réel, au contraire. Il est urgent de cesser de penser la puissance de l'homme en opposition avec sa nature, mais de la redécouvrir en harmonie avec celle-ci, comme un ingrédient de celle-ci et non comme sa finalité. Oui, certes, la personne trouve ses limites dans sa nature, dans son corps en particulier. Mais ces limites ne sont pas en elles-mêmes des maux, des privations : ce n'est pas un mal pour un homme de ne pas voler dans les airs, de même que ce n'est pas un mal pour un oiseau de ne pas avoir accès au langage.

---

12. *Gaudium et spes*, 22, § 1.

13. Saint Pierre Chrysologue, sermon 117, Jean-Marie PLOUX in *Lettre aux Communautés*, 175 (novembre-décembre 1995), p. 70-74.

Ce n'est pas un mal pour une femme de ne pas être homme, et *vice versa*. Les limites naturelles ne relèvent donc pas d'une catégorie du mal, sauf celles liées à la corruption de la condition charnelle depuis le péché originel (souffrance et mort, passibilité et mortalité), qui sont, elles seules, conséquentes du péché.

Cependant, même ces peines-ci (la fatigue, la maladie, la douleur physique ou la mort par exemple) qui sont dans le corps inhérentes à la nature humaine depuis le péché originel, impliquent la participation de tout l'être personnel, corps et esprit : elles soulignent la transcendance de l'être humain. Ce sens chrétien des finitudes de l'homme a été malheureusement oublié aujourd'hui.

C'est tout le drame de l'homme contemporain. D'abord, il se refuse plus ou moins consciemment à tout ce qui est inhérent à sa nature humaine et à sa finitude prénaturelle (le donné du réel objectif, conféré par la nature, naître homme ou femme, avec les caractéristiques objectives d'un individu vivant de l'espèce humaine) : il se veut tout puissant, doté de « possibles » que la nature n'a pas réalisés. Ensuite, il ploie sous le fardeau de la corruptibilité de la chair et qui lui arrive tout de même (la dégradation, les souffrances) ; enfin, il refuse obstinément d'écouter ce que lui dit sa conscience.

> Le naufrage ou le tangage qui commencent le jour même où nous voyons le jour nous semblent la pire des cruautés. Nous ne voulons pas être confrontés à cette profondeur abyssale, nous voulons rester à la surface, mourir sans s'en rendre compte, inconscients[14].

14. Grégory Woimbée, « Cette mort n'est pas à la fin. Penser l'immortalité d'après les eschatologies de Romano Guardini et Joseph Ratzinger » *Bulletin de Littérature ecclésiastique*, 2019, ffhal-02494762.

Les finitudes et la mort ne sont pas seulement privatisées ou réduites à une expérience individuelle, elles sont aussi occultées par l'expérience individuelle. Elles sont privées de leur visée transcendante, alors qu'elles sont pourtant par nature des phénomènes à la fois physiques et métaphysiques[15].

Face à cette obstination qui va contre la nature, Benoît XVI rappelle[16] que la conscience est, chez l'homme, un sanctuaire métaphysique et mystique, et que les questions qu'elle affronte portent sur le sens de la vie, sur l'essence de l'homme, son origine, sa fin, ce pour quoi il n'existe nulle solution technique.

> L'adhésion implicite de beaucoup au principe de l'euthanasie traduit ce désir de réduire la mort à une mort technique, de donner à nos problèmes existentiels des solutions techniques. [...] Chez ses prescripteurs, l'euthanasie n'est pas le refus de la souffrance, de l'acharnement thérapeutique ou l'effet de la solitude, c'est l'affirmation d'un programme de toute-puissance.

> Ce refus de la métaphysique est, comme le note Ratzinger, une peur métaphysique et donc aussi une forme de répression et d'autocensure. L'homme se contraint à déshumaniser tout ce qu'il ne peut pas contrôler. Ce point est capital. La mort est déshumanisée, ou plutôt l'homme est déshumanisé jusque dans sa mort, l'étant aussi dans sa naissance par l'artificialisation de la procréation, puisqu'il ne la devra

15. Joseph Ratzinger, *La mort et l'au-delà. Court traité d'espérance chrétienne,* traduit de l'allemand par Henri Rochais, Paris, Fayard, 1979, 291 p., et Romano Guardini, *Les Fins dernières*, Versailles, éd. Saint-Paul, 1999, p. 11.
16. Joseph Ratzinger, *op. cit.*

> qu'à des techniques et non plus à un don mystérieux qui le dépasse et l'inscrit dans un dessein qui le révèle à lui-même et le conduit à sa perfection. Ce que l'homme fait avec la « maison commune », son environnement, ses dispositifs socio-économiques, ses règles d'organisation, ses modes de reproduction et de relation, il le fait avec lui-même[17].

Contre ce refus de la nature humaine, il faut proclamer la nécessité de recevoir humblement le donné de l'existence dans sa dimension physique ainsi que dans sa dimension métaphysique et surnaturelle. Le consentement au réel requiert le contraire d'une pleine possession de soi, il passe par une dépossession, une attitude non pas seulement psychique, mais spirituelle, métaphysique ou mystique. La nature humaine doit être transfigurée, elle ne doit pas disparaître. Pour cela, il faut une grande humilité devant une grandeur qui nous dépasse.

> Quand l'expérience humaine fondamentale n'est plus métaphysique, elle n'est plus ni fondamentale ni humaine, et quand l'expérience n'est plus fondamentale, l'objet, bien là, disparaît à nos regards[18].

Le réel a ses règles qui s'imposent à nous et qu'il faut respecter. Nous devons réapprendre que l'homme est dépendant de Dieu. Il doit rester petit devant son Créateur et reconnaître qu'il ne maîtrise pas tout. Nous devons prier pour que l'homme retrouve le sens de la dépendance par rapport à Dieu, en acceptant d'être limité et de ne pas tout maîtriser. C'est à partir de cette juste contemplation

17. Grégory Woimbée, « Cette mort n'est pas à la fin », *op. cit.*, p. 4.
18. *Ibid.*

de la personne humaine que l'homme pourra saisir qu'il n'est pas un mélange de bien et de mal.

Le péché originel : l'homme rendu à la vulnérabilité et à la mortalité

Ce grand message de la Révélation semble paradoxalement bien théorique en comparaison avec les réalités concrètes du monde. Nul ne peut nier ni nos finitudes et nos imperfections, ni la survenue du mal dans le monde, depuis la nuit des temps. La question est : comment ce mal (et particulièrement la souffrance) s'explique-t-il et doit-il se vivre ? Qu'en est-il des peines de la nature ? Des imperfections physiques ou physiologiques, de la fatigue ? Qu'en est-il, surtout, des finitudes essentielles : le handicap, la maladie et la mort ? Comment les expliquer et les comprendre alors même que le projet créateur originel était bon et harmonieux ? Quelles sont leurs finalités dans le dessein divin ? Et pourquoi sont-elles survenues ?

L'objectif n'est pas de développer un traité de théologie sur la survenue du mal dans le monde. Cependant, si on fait le choix de la foi, il faut bien passer par l'étape de la reconnaissance de la racine du mal, la révolte de Satan et le péché originel d'Adam et Ève. Pour cela, il faut rappeler l'harmonie qui existait dans l'état de justice originelle où la volonté naturelle de l'homme était conforme à celle de Dieu : elle avait la force et la grâce de dominer les passions, de prévenir tout écart d'où dérivent le désordre et le découragement. Depuis le péché originel, la nature est blessée, comme corrompue. La faute originelle a créé un déséquilibre dans l'ordre de la création. La peine conséquente engendrée par la survenue du mal est l'outil du rééquilibrage de l'être. Cette peine est nécessaire, elle est connexe au déséquilibre occasionné dans la création. Rétablir le dérangement, réparer le désordre créé est pénible : on comprend ainsi que la peine et les limites liées à la corruption naturelle de la condition charnelle, loin d'être des châtiments d'un Dieu vengeur, sont comme le mouvement du balancier de la loi inhérente à la nature des choses. Il est donc illusoire de se refuser au réel, à ses peines et à ses servitudes : depuis le péché originel, le rétablissement de la justice exige pour ainsi dire la pénibilité de la réparation à laquelle l'homme est appelé à se porter librement. Cette réparation est pénible, car avec le péché des origines d'Adam et Ève, c'est l'équilibre de la création tout entière qui s'est trouvé accidentellement bouleversé. L'homme ploie sous le flot de ce déséquilibre, cause de si nombreux malheurs humains qui participent à sa peine.

La nature est abandonnée à elle-même, mais Dieu n'y prend aucun plaisir et il n'abandonne pas sa créature. Son intention est la restauration du bien, du bien propre des individus et du bien commun à toute l'humanité. Depuis la faute originelle, cette restauration du bien passe par un mode pénible qui, si l'homme y consent en toute liberté, lui donne le pouvoir de réparer le désordre originel. « Dans une telle perspective, infliger une peine n'est pas seulement un acte de justice, c'est aussi une marque de respect et de miséricorde[19]. » Pour ainsi dire, nous subissons aujourd'hui encore les conséquences douloureuses de notre nature abîmée par le péché originel. Tout malheur et toutes les peines ont leur source dans la rupture engendrée par le péché originel.

19. Fr. Robert Augé, *Le Jardin et la croix*, Le Barroux, éd. Sainte Madeleine, 2021, p. 30.

À notre époque oublieuse de son Créateur, l'homme s'exaspère de la corruptibilité de la nature, de cette peine pour le péché contracté par nos premiers parents. S'il ne veut plus de Dieu, il ne veut pas davantage des conséquences de la faute du premier homme. Il nie, quand il la connaît encore, l'existence de ce péché originel et de la peine de nature due à ce péché : celle-ci ne serait que mensonge, illusion, l'artificiel outil de l'oppression de certains hommes contre d'autres pour les maintenir dans un état d'esclavage. Le réel n'existerait pas, les limites de la nature non plus, la possibilité d'un mauvais usage de la liberté ne serait qu'un leurre destiné à affaiblir les opprimés et à servir les intérêts des puissants.

Il faut pourtant bien reconnaître que la prégnance du mal semble plus aiguë aujourd'hui qu'à d'autres époques plus religieuses. Les structures de péché semblent si enchevêtrées qu'il paraît impossible de trouver une issue pour la grâce et la conversion des cœurs. Dans notre vieille Europe, on a littéralement chassé Dieu de nos vies. En voulant ce vide, cette absence, l'homme laisse une place béante à la survenue du mal. En se refusant à Dieu, il perd dramatiquement le mode d'emploi de sa nature, il la désaxe de son orbite. Il ne sait plus voir que notre nature humaine est, *de fait*, blessée par le péché originel et déformée par notre égoïsme souvent inconscient, nos convoitises et notre orgueil. Il ne sait plus reconnaître que depuis le péché originel, l'homme est appelé à participer au dessein divin non plus d'une façon harmonieuse, mais selon le mode douloureux de la croix. Le péché originel est une rupture ; la désobéissance originelle d'Adam et Ève revenait à vouloir le dessein divin de Dieu pour l'homme, sans Dieu et non plus selon Dieu. Désormais, l'homme est abandonné aux seules ressources de sa nature et à la béance du mal. Les premiers hommes ont créé cette situation, pour eux et pour leur descendance, par un exercice déviant de leur liberté.

« Seul le dogme du péché originel permet de rendre compte de l'effroyable présence du mal dans le monde et en notre propre cœur[20]. » Sans Dieu, on bute fatalement sur le mystère de la souffrance et du mal. Le réel est irrecevable et frustrant sans la reconnaissance de l'existence de Dieu et la foi dans le dogme du péché originel. On comprend aisément qu'en se refusant à Dieu, l'homme soit tenté par toutes les dérives qui caractérisent notre époque.

Il faut se prononcer pour Dieu afin de retrouver le chemin et les moyens de l'harmonie originelle. Seule l'existence de Dieu permet de saisir que le mal n'est pas originel, mais qu'il est subordonné à l'existence du bien. Il n'existe que par défaut, il n'est *que* l'absence du Bien. N'oublions pas que la nature humaine, telle qu'elle fut originellement créée, était achevée et ordonnée à sa finalité qu'est la pleine configuration à Dieu. Et, ce qui fait toute la différence, ce dessein divin pour les hommes n'a pas été changé par le péché originel ! Dieu désire toujours autant la pleine glorification pour les hommes ! Mais en créant l'homme, Dieu l'a doté de liberté, à son image : il a créé l'homme libre de se refuser au bien. Il a pris ce risque de la survenue du mal. Il en assume totalement les conséquences : son dessein est bien de prendre en compte les conséquences de nos réponses libres à ses sollicitations, c'est-à-dire de notre libre réponse aux dons de sa grâce.

Dieu sait de toute éternité les épreuves que nous aurons à traverser à cause de l'ébranlement originel de la nature. Il demeure fidèle à ses œuvres et ne livre pas l'homme esseulé à l'existence. Il ne se contente pas de lui donner d'être et d'exister, mais il le maintient à chaque instant dans l'être, il

20. *Ibid.*, p. 32.

lui donne d'agir et il le porte à son terme, jusqu'à la vision béatifique. Ce maintien actif dans l'existence – l'œuvre de la Providence divine – est malheureusement oublié aujourd'hui. Dieu est provident, il connaît par avance les souffrances des hommes, et rien n'échappe à sa sollicitude qui ordonne mystérieusement à notre bien les maux du monde que nous aurons à traverser.

À ces maux du monde, cette pénibilité temporelle due à la faute originelle, s'ajoute le mal de faute, celui de nos péchés personnels liés au mauvais usage de notre liberté. Ce mal-ci est terrible, car il entache l'âme et la sépare de Dieu, mais il n'est guère surprenant si l'on considère à la fois notre nature laissée à elle-même et le refus de Dieu auquel nous consentons librement par erreur et par orgueil.

Nous avons vu à travers des exemples du transhumanisme, de l'antispécisme et des études de genre que la liberté humaine est aujourd'hui abusée à un niveau sans commune mesure, et que cela est caractéristique d'un mal qui déteste tant l'homme libre créé à l'image de Dieu qu'il cherche à le dénaturer totalement. C'est source d'un grand désarroi pour l'homme, coupé de son origine et de sa finalité. En refusant d'identifier la racine du mal, on a laissé l'homme bien démuni. Car l'humble reconnaissance du péché, loin de nous y enfermer, contient au contraire la promesse et les moyens de nous en libérer.

Nous conservons en effet tous ancrée en nous cette faculté de marcher vers le bien. Certes, le désir du bien ne nous donne pas la connaissance du vrai bien. Il faudra donc orienter à la fois notre intelligence et notre volonté vers lui. Cependant, tous les hommes ont la faculté de marcher vers le bien. D'un pas inégal, marqué par la blessure de nos facultés sensibles et par l'inclination au péché, mais qu'importe ! Libre à nous de consentir à ce chemin, de rendre nos pas plus pressés, même s'ils sont faibles et défaillants. Car, dans cette marche difficile, Dieu n'abandonne pas sa créature.

Recevoir humblement le donné de l'existence : plaidoyer pour le réel

Contrairement à ce que laissent supposer les dérives idéologiques du transhumanisme, du genre et de l'antispécisme, ce n'est pas en augmentant l'homme ou en le dénaturant que celui-ci trouvera son accomplissement. Ce n'est pas sous l'impérieuse directive de ses passions et de ses ambitions que l'homme trouvera la liberté. Ce n'est pas non plus en s'abaissant au niveau de l'animal que l'homme retrouvera sa dignité.

Mais c'est bien en reconnaissant sa source et sa finalité que l'homme trouvera le chemin de son accomplissement originel en tant que créature. Ainsi compris, tout ce qui constitue la nature humaine comme telle, avant le dérèglement du péché originel, est une force à utiliser. Mais pour l'utiliser, il faut d'abord recevoir et comprendre ce don de l'existence, puis corriger, guérir, assouplir, redresser ce qu'il y a de déréglé en lui en reconnaissant les suites du péché originel et la gravité du péché mortel.

Il faut du temps à l'homme pour devenir pleinement humain.

> Dès la fécondation est commencée l'aventure d'une vie humaine dont chacune des grandes capacités demande du temps pour se mettre en place et se trouver prête à agir[21].

21. Déclaration sur l'avortement provoqué de la Congrégation pour la Doctrine de la foi (1974), n°s 12-13.

Cette précision est essentielle, car elle montre que l'être humain, pour devenir pleinement humain, a besoin de temps. C'est un processus long et qui doit être accompagné par d'autres humains. Organiquement déjà : pour permettre ce développement, certaines choses doivent être accomplies *in utero*, d'autres dans l'enfance, d'autres pendant l'adolescence.

Mais, plus largement, en considérant l'homme dans sa totalité, corps et esprit, il semble que chaque personne humaine atteigne son plein accomplissement à des stades différents de sa vie. Pour ce faire, chaque personne, avec son individualité propre et les facultés qui sont les siennes, va se réaliser à partir de ses dispositions, c'est-à-dire de l'ensemble des données de sa personne (le corps, les circonstances de sa vie dans le temps et dans l'espace, l'éducation, la culture), qui vont l'incliner à agir d'une manière ou d'une autre, sans fatalité cependant. Il lui faut donc agir, se porter librement vers le bien, en cherchant chaque jour davantage à se conformer à sa dignité première d'être à l'image de Dieu. Il lui faut progresser pas à pas vers le bien, notamment par ses actes méritoires, la répétition d'actes bons qui vont peu à peu orienter les dispositions qui sont les siennes. Dans ce chemin, peu importe que les facultés organiques soient fragiles ou diminuées (comme chez les enfants, les personnes handicapées, malades ou vieillissantes) ou, au contraire, remarquablement abouties. La personne humaine est plus que le corps. Il ne s'agit pas en effet d'atteindre un degré d'accomplissement en quantité, mais en qualité. Car, si chaque personne humaine est singulière par son corps d'abord – entre autres son potentiel génétique et son cerveau –, par son psychisme aussi, le jeu des désirs et des émotions de chaque personne avec son entourage n'étant jamais exactement le même que celui des autres, c'est surtout par l'exercice de sa liberté et par son histoire qu'elle se personnalise. La liberté s'exerce à partir des dispositions et des conditionnements qui sont les siens.

Ainsi compris, on saisit combien la morale naturelle rejoint la Révélation. La personne humaine est d'abord un corps spiritualisé. Chaque personne vaut pour ce qu'elle est et non pas seulement pour les choix qu'elle pose. On ne peut pas résoudre et dissoudre la personne humaine et ses valeurs en une série de choix. Dans tout choix en effet, la personne engage ce qu'elle *est*, son existence et son essence, son corps et son esprit. Il y a donc bien une *source* d'où les choix émanent et des contenus de valeur qui s'expriment dans les choix.

Pour parcourir ce long chemin d'humanisation et de sanctification, la personne humaine possède d'abord des dispositions innées (physique et psychique par exemple). Il n'y a pas d'égalité dans ces dispositions : certaines personnes semblent en être davantage dotées, bénéficiant par exemple d'un heureux tempérament, d'une intelligence vive et de circonstances de vie faciles. Quand d'autres semblent davantage éprouvées et affaiblies par les circonstances et par un tempérament fragile ou une infortune physique par exemple. C'est un fait incontestable. Cependant, ces données de l'existence n'augurent en rien de la façon dont ces personnes parviendront, à partir des dispositions de leur nature sous l'effet de la grâce, à la plénitude de leur personne.

La personne humaine possède aussi des dispositions acquises. Parmi ces dispositions acquises, si les plus visibles semblent être celles qui sont extrinsèques à la personne, reçues par l'éducation, l'environnement socio-culturel où nous évoluons et les circonstances de vie, les plus fortes et les plus puissantes viennent de l'intérieur, elles sont acquises par la personne elle-même : ce sont nos *habitus moraux*[22] proprement dits, la vertu et le vice. La vertu est une sorte de pli de l'âme que chacun acquiert sur le long terme, par répétition d'actes bons. Il ne faut pas sous-estimer la puissance de l'effort vertueux sur la nature humaine. La vertu s'ancre dans la nature et la perfectionne au fil du temps. Plus une personne pose des actes positifs, et plus cette disposition s'ancre en elle et assouplit ses sens, et notamment ses sens internes qui, purifiés peu à peu des passions désordonnées, disposeront davantage l'âme à recevoir les grâces que Dieu veut y mettre en évitant d'y faire obstacle. Il y a un cercle vertueux entre la nature et la volonté humaine qui se tourne librement vers le bien qu'elle saisit par son intelligence, qu'elle désire davantage et vers lequel elle se meut ; ces actes bons posés librement viennent peu à peu arrondir, assouplir, perfectionner la vie sensitive, c'est-à-dire l'usage que la personne fait de ses sens externes et de ses sens internes, à commencer par la mémoire et l'imagination ; enfin, par répétition d'actes, la purification des sens allège les passions de cette âme et ordonne ses émotions à leur juste finalité.

Ainsi comprenons-nous qu'il n'y a pas de fatalité dans le réel qui nous est donné dans notre nature ; naître homme ou femme, naître handicapé ou en parfaite santé, naître avec telle ou telle capacité ou disposition plus ou moins avantageuse, semble ne disposer en rien la personne à se réaliser mieux ou moins bien en tant que personne humaine créée à l'image de Dieu. Le réel est un donné de l'existence *à partir duquel* la personne humaine va se

22. Les habitus moraux sont les dispositions stables à agir, acquises par répétition d'actes. Une disposition est l'ensemble des choses qui vont nous pousser à agir d'une certaine manière, tout ce qui va favoriser une action : par exemple, la colère dispose à la violence. L'habitus moral est une espèce particulière de dispositions : c'est la disposition stable (alors que les passions sont des dispositions instables).

réaliser par ses actes et devenir de plus en plus homme en conformité avec sa finalité qu'est la pleine configuration au Christ, ou au contraire se dégrader.

Bien sûr, nous l'avons vu, la liberté de la personne est en partie conditionnée par le corps, par le psychisme et par la société. Oui, notre liberté s'exerce en partie à partir de ces conditionnements : mais ces données réelles de l'existence ne diminuent en rien la liberté humaine. C'est le pouvoir en l'homme soit de s'aliéner (et donc de s'amenuiser lui-même), soit d'assumer son histoire pour devenir plus homme. La vraie liberté, c'est la responsabilité : l'homme libre, prenant en compte les éléments réels de l'existence, décide d'orienter son action vers le bien. Cette liberté fonde la dignité de la personne.

Cette liberté qui assume le réel a de nombreuses conséquences qui vont à l'encontre de la divinisation de la pensée subjective. D'abord, les actes que nous posons aujourd'hui auront une répercussion sur nos actes du futur : en choisissant un acte de lâcheté, je me choisis lâche. En posant un acte de bonté, de générosité, je me choisis bon et généreux. Inversement, les actes que nous posons maintenant sont influencés par notre passé, par les actes précédemment posés. Ainsi, à force de poser des actes de vertu, l'homme acquiert comme une seconde nature : il se transforme, son caractère change, s'ancre en lui et devient stable. Cela est vrai, malheureusement aussi, pour les mauvaises habitudes morales, pour les vices. Tous les actes que les hommes posent ont une influence sur leur bien propre et sur leur réalisation dans le bien commun de la société.

Dans cette juste compréhension de la personne humaine que nous donne l'anthropologie chrétienne, on est loin, très loin, de la fluidité et de la subjectivité des actes proposées par le genre, ou du nominalisme du transhumanisme qui loin de se contenter du réel de l'existence, juge qu'il n'y a pas de nature stable, le concept de « nature » n'étant qu'une généralisation artificielle dont il faut se libérer, et que tout peut se transformer et se recréer en l'homme.

Il est urgent de réaffirmer que la personne humaine se réalise *à partir* des données de son existence et non pas *contre* celles-ci. La nature humaine n'est pas un obstacle à la pleine humanisation de l'homme. Elle doit être reçue comme telle, comme le lieu du déploiement de la volonté qui perfectionne naturellement, et le réceptacle de la grâce qui perfectionne *sur*naturellement. Ainsi, et seulement ainsi, la personne humaine ne sera pas soumise à l'impérieuse tyrannie de ses désirs. Elle fera chaque jour l'expérience du volontaire, elle deviendra accessible à la gratitude pour le don qu'il y a dans tout donné naturel. En éveillant sa conscience, en recevant humblement les évidences du réel et consentant aux nécessités de la nature, la personne humaine découvre la grandeur de la finalité de l'être humain, corps et esprit, à partir de la réalité, dans le réel des données de son existence.

L'équilibre entre la nature et la grâce

Cependant, il ne suffit pas d'avoir envie de changer pour changer. L'homme peut avoir un très fort désir de se perfectionner sans y parvenir, car la nature est blessée depuis le péché originel. L'homme a donc aussi besoin de l'intervention de la grâce.

Il est urgent de redécouvrir ce grand trésor de la foi : nous sommes appelés à rechercher le plein développement de la nature humaine *sous* la conduite de la grâce.

Autrement dit, il faut croire et aimer que la grâce ne détruit pas la nature, mais la perfectionne.

On ne peut pas atteindre la pleine restauration de l'être par nos seules forces, sans l'accroissement de la grâce sanctifiante en nous, accroissement conjoint à celui de la charité. La vie de l'homme est faite pour la croissance spirituelle, à l'image de la vie corporelle qui est marquée dès son commencement par le caractère de la croissance. L'homme est fait pour la croissance dans le bien. Le mouvement naturel de croissance s'accompagne d'un mouvement surnaturel par le don de la grâce qui s'accroît quand on se rapproche de Dieu. Saint Thomas dit ainsi que la grâce perfectionne et incline au bien à la manière de la nature. Dans la création, tout ce qui a vie est appelé à croître et il en est de même de la vie spirituelle. La vie du corps est un mouvement de croissance, la vie de l'esprit elle aussi est en mouvement vers le bien. Cette croissance spirituelle est une « marche de progrès en progrès » (1Th 4,1). Elle ne peut s'accomplir pleinement sans la grâce sanctifiante, don gratuit de Dieu, qui demande cependant notre coopération active de trois manières : par le mérite, par la prière, par les sacrements. L'homme est donc appelé à *travailler activement* à obtenir l'union intime avec Dieu, et à *la demander humblement.* C'est tout l'équilibre entre la nature et la grâce.

Le croyant qui a accepté Jésus Christ comme Sauveur comprend que cet acte comporte de nombreuses implications dans sa vie. Désormais sa façon de vivre devra démontrer qu'il appartient au Christ (Col 3,1-2) et refléter l'image de Christ (Col 3,9-10). Lors de sa conversion, le chrétien est mis à part pour Dieu et il est appelé à tendre vers la sainteté dans sa vie quotidienne. Nul ne peut être sauvé sans la grâce surnaturelle, et particulièrement sans

« la charité, la plus haute de toutes, qui doit inspirer et animer les autres[23] ».

Parmi les grâces surnaturelles que Dieu donne, la foi, l'espérance et la charité ont une place prépondérante. La foi en nous permet de passer de la vie de la chair, celle de l'homme livré aux convoitises charnelles du péché, refusant de recevoir la lumière et la force de l'Esprit de Dieu, à celle de l'Esprit :

> Je dis donc : marchez selon l'Esprit, et vous n'accomplirez pas les désirs de la chair. Car la chair a des désirs contraires à ceux de l'Esprit, et l'Esprit en a de contraires à ceux de la chair ; ils sont opposés entre eux, afin que vous ne fassiez point ce que vous voudriez (Ga 5,16-17).

L'espérance soutient le progrès spirituel jusqu'au plein accomplissement de l'homme parfait dans le Christ : « Désirez, comme des enfants nouveau-nés, le lait spirituel et pur, afin que par lui vous croissiez pour le salut » (1P 2,2). La charité permet de se détacher des choses terrestres :

> Elle ne doit pas rester stationnaire, elle doit grandir en nous jusqu'à la mort. C'est un point de doctrine qui peut et doit donner une grande lumière en spiritualité et qui est le fondement de toute exhortation à avancer d'une façon à la fois très humble et très généreuse, en désirant ardemment la pleine perfection

23. Réginald Garrigou-Lagrange, *op. cit.*, t. 1, ch. VII : « De l'accroissement de la vie de la grâce par le mérite, la prière et les sacrements », p. 170.

> de la charité, l'union intime avec Dieu, en travaillant à l'obtenir et en la demandant humblement[24].

Le moindre degré de charité infuse dépasse déjà l'amour naturel que nous pouvons avoir pour Dieu, auteur de la nature, et pour les hommes. La charité, si infime soit-elle, n'exclut personne. Elle accroît la liberté de l'action et son rayonnement. Certes, l'exercice de la charité est gêné en nous par la concupiscence. En revanche, il semble que l'affaiblissement des facultés organiques et sensibles n'ait pas de prise sur lui. L'exemple des saints qui marchent d'un pas toujours plus pressé vers Dieu malgré la maladie ou les souffrances l'atteste.

> L'intensité de leur vie spirituelle s'accentue de plus en plus, la trajectoire du mouvement de leur âme s'élève et ne descend plus ; il n'y a pas pour eux de crépuscule ; c'est seulement le corps qui, avec la vieillesse, s'affaiblit[25].

Il faut mendier cette vertu surnaturelle de la charité pour qu'elle nous soit donnée, et agir par répétition d'actes pour qu'elle grandisse en nous, non par addition en quantité mais en intensité,

> parce que le chrétien ici-bas est un voyageur, *viator*, qui marche spirituellement vers Dieu [...] La voie est faite pour marcher, non pour s'y installer, non pour s'y arrêter et y dormir[26].

24. *Ibid.*
25. *Ibid.*
26. *Ibid.*

Ainsi fonctionne la grâce en notre nature : Dieu nous meut, et c'est vers lui-même qu'il nous attire.

La grâce perfectionne la nature en croissant en intensité, en s'enracinant de mieux en mieux dans la volonté. Le travail des vertus et des dons détermine davantage l'inclination de la personne à se porter vers le bien surnaturel et à s'éloigner du mal par des actes plus généreux, sous l'infusion de la grâce.

Pour croître, la grâce a besoin de notre coopération. Par nos *actes méritoires* d'abord, qui procèdent de la charité et qui concourent à une augmentation de la grâce en nous, à la fois moralement en la méritant, et physiquement en nous disposant à la recevoir :

> Ils ouvrent pour ainsi dire nos facultés pour qu'elles puissent recevoir davantage, ils les creusent, en quelque sorte, pour que la vie divine puisse les mieux pénétrer et les élever en les purifiant[27].

L'intensité de la libre participation de la volonté est essentielle :

> Il y a en cela une analogie assez visible entre les actes surnaturels et les actes naturels : l'homme très intelligent, mais peu appliqué à l'étude, fait peu de progrès dans les sciences, tandis qu'un autre moins doué, mais très travailleur, arrive à un sérieux résultat[28].

L'augmentation de la charité, des vertus infuses et des dons qui l'accompagnent s'obtient non seulement par le mérite, mais par la *prière*. Il faut demander tous les jours

27. *Ibid.*
28. *Ibid.*

de grandir dans l'amour de Dieu et de recevoir les grâces en ce monde à cette fin. Il faut demander une augmentation de foi, d'espérance et de charité. Car la prière, à la différence du mérite, s'adresse directement à la miséricorde de Dieu, qui souvent relève et exauce sans aucun mérite de notre part.

Ici encore, la grâce n'a nul besoin d'un corps augmenté en facultés organiques pour agir ; ni d'une volonté qui s'applique à prendre comme point de référence suprême sa liberté propre. Ce qui compte dans la prière est seulement l'intensité du désir du bien, la volonté de se tourner vers Dieu. Car la grâce spiritualise l'homme, non pas en fonction de son degré de facultés naturelles, mais en fonction de son désir de Dieu et de la docilité de sa volonté à se conformer à celle de Dieu. On pourrait dire qu'il y a alors une éducation surnaturelle de la volonté : la grâce élève l'homme jusqu'à l'amour du souverain Bien, elle rétablit dans l'homme l'image de Dieu. Une personne lourdement handicapée, un jeune enfant en fin de vie, un vieillard moribond, dont les facultés sont objectivement grandement diminuées, recevront plus abondamment la grâce divine s'ils ont un cœur avide de Dieu que la personne la plus performante ou la plus authentiquement décidée à n'agir qu'en fonction de son ressenti, aussi sincère soit-elle. La force de la prière pour perfectionner l'homme dépasse le mérite, car elle s'adresse non à la justice divine (le mérite en ce sens ouvre le droit à une récompense) mais à l'infinie miséricorde.

Enfin, la vie de la grâce augmente en l'homme par les *sacrements* qui la produisent par eux-mêmes, du fait qu'ils sont institués par Dieu pour nous appliquer les mérites du Christ ; ils produisent la grâce indépendamment des prières et des mérites chez ceux qui n'y opposent pas d'obstacles, plus ou moins abondamment selon la ferveur de celui qui la reçoit :

> Comme dans l'ordre naturel, bien qu'un foyer de chaleur réchauffe par lui-même, on bénéficie d'autant plus de son influence qu'on s'approche de lui davantage ; de même, dans l'ordre surnaturel, on bénéficie d'autant plus des sacrements qu'on s'en approche avec une foi plus vive et une plus grande ferveur de volonté[29].

L'homme doit donc conduire sa vie avec l'esprit de foi et non pas avec l'esprit de nature qui est une négation du surnaturel[30]. Il faut recevoir l'idée que ce qui fait la vie de foi – l'effort de vertu, l'obéissance, la prière, la pénitence, les sacrements – ce sont des outils de délivrance pour rendre notre volonté conforme à celle de Dieu et atteindre l'élévation infinie de notre fin surnaturelle. L'amour de Dieu doit s'accompagner d'une lutte généreuse contre tout ce qu'il y a de déréglé en nous. Mort au péché et restauration de l'être sont étroitement liées. Elles ont l'amour de Dieu pour finalité. Elles sont possibles au moyen de la grâce, donnée par le Christ, qui est une participation à la vie intime de Dieu.

Nous avons pu dire que la personne est une réalité indivisible : c'est la totalité de la personne, le complexe corps-âme rationnelle, qui est considérée comme valeur. La personne est d'abord un corps spiritualisé, et la vie de l'esprit est faite pour la croissance spirituelle, à l'image de la vie corporelle qui est marquée dès son commencement par le caractère de la croissance.

---

29. *Ibid.*
30. Réginald Garrigou-Lagrange, *op. cit*, t. 1, p. 379.

> Reconnaissons que les besoins de l'âme sont aussi puissants et vitaux que les besoins physiques. Ils ne viennent pas après, ils ne se superposent pas, ils sont exactement du même ordre, celui de la nécessité[31].

Par sa croissance spirituelle, le croyant est transformé pour posséder et manifester progressivement le caractère chrétien. La vie de la grâce, la croissance spirituelle, transforme littéralement l'être humain en le configurant de plus en plus, de mieux en mieux, au Christ sauveur. Elle fait passer de la vie de la chair (de l'être naturel, instinctif) à celle de l'Esprit (Ga 5,16-25) ; passer de l'état d'enfance spirituelle à celui « d'homme fait, à la mesure de la stature parfaite de Christ » (Ep 4,13-15) ; elle fait tendre vers la perfection : « Cherchez la perfection, encouragez-vous, soyez d'accord entre vous, vivez en paix, et le Dieu d'amour et de paix sera avec vous » (2Co 13,11) ; et se détacher des choses terrestres pour s'attacher aux choses célestes (Col 3,1-2).

L'origine de la croissance spirituelle se trouve à la fois dans le plan de Dieu qui est de rendre ses enfants semblables au Christ et conformes à sa sainteté, et aussi dans l'obéissance de l'enfant de Dieu appelé à rejeter le péché et à se conformer à la volonté de Dieu. Le mobile de cette obéissance se trouve dans l'amour pour Dieu et dans le désir de lui plaire et de le glorifier. La vie de la grâce en l'homme a des conséquences dans tous les domaines de la vie : équilibre, joie, paix, tranquillité, discernement spirituel et la maturité de jugement et surtout la constitution d'un trésor dans la vie éternelle.

---

31. Jeanne LARGHERO, « La nourriture de l'âme, un besoin vital », in Aleteia, publié en ligne le 04/03/22.

Dieu n'est pas le rival de l'homme

Le transhumanisme, les études de genre et l'antispécisme, en s'attaquant à la nature humaine, comme telle, dans ce qu'elle a d'essentiel et de bon, lui retirent la faculté spirituelle proprement humaine qui fonde la transcendance de l'homme sur le reste du vivant. En refusant le réel tel qu'il fut créé dans sa bonté par un Dieu infiniment parfait, ils retirent à l'homme sa source et sa finalité propre.

L'homme néglige les causes de ses actions immédiates à la fois sur lui-même et sur l'environnement, les causes anthropologiques, c'est-à-dire la manière dont il se définit, se comprend et fait l'expérience de lui-même. S'il ne veut pas considérer ces causes anthropologiques,

> c'est parce qu'elles ont une racine métaphysique et spirituelle. Le matérialisme n'est pas scientifiquement démontrable, mais il est l'idéologie qui sert un programme de toute-puissance et qui se déploie selon un paradigme technocratique pour lequel l'homme n'est qu'un animal comme les autres, et même pire que les autres, puisqu'il est raté à ses propres yeux et qu'il doit être amélioré et augmenté[32].

Le combat n'est pas seulement anthropologique ; il est eschatologique. Alimenter et entretenir la haine de l'homme par l'homme lui-même est certainement la dernière grande attaque contre la création, le suprême assaut de jalousie et d'orgueil du démon contre l'homme créé à l'image de Dieu. Quel plus grand mensonge pourrait-on en effet glisser dans le cœur de l'homme, que celui de lui faire croire qu'il est par lui-même et en lui-même un mal

---

32. Grégory Woimbé, « Cette mort n'est pas à la fin », *op. cit.*, p. 5.

originel ? Et quel plus grand piège semer sur sa route que celui de lui ôter toute vie intérieure en réduisant la vie de l'esprit dont nous faisons l'expérience ici-bas, à une fonction cérébrale ? Le matérialisme, en affirmant que le « spirituel » n'est qu'une représentation de motions cérébrales matérielles, est coupable de réductionnisme et trompe gravement l'homme[33].

Dans ce combat eschatologique, le modèle de la faute originelle se reproduit : l'homme, par orgueil ou par tromperie d'un démon jaloux de ses prérogatives, se refuse à Dieu qu'il considère au mieux comme un étranger indifférent et faillible, et au pire comme un rival de sa liberté. Il veut s'arroger des privilèges divins contre le plan de Dieu, décider de ce qui est bien et de ce qui est mal, changer ce qui relève de la nature ou encore maîtriser la vie et la mort. Dans cette grande manipulation, le démon recommence à rebours l'œuvre de la création et le mystère de l'incarnation, tout cela pour semer la confusion et perdre les âmes. Il ordonne des maux au déploiement anarchique et souvent contradictoires, à un dessein bien arrêté : la perte des âmes.

> Le malheur et l'opprobre du monde moderne, qui s'affirme si drôlement matérialiste, c'est qu'il

33. Francis Wolff, *Notre humanité : d'Aristote aux neurosciences*, Paris, Fayard, 2010, p. 123-127 : « Qu'une anthropologie générale de la nature veuille rendre compte de tout ce qui est humain sans même devoir supposer que l'homme existe comme un être distinct des êtres de la nature, c'est là le signe de son ambition, voire de sa démesure. En réduisant l'homme que l'on prétend expliquer à n'être qu'un animal parmi d'autres, on exalte à contrecoup la puissance du discours capable de l'expliquer ainsi. Comme le prévoyait Foucault, l'objet "homme" est donc bien en train de disparaître de l'horizon des sciences – mais c'est pour resurgir, plus puissant que jamais, comme "sujet" innommé de ces mêmes sciences. »

> désincarne tout, qu'il recommence à rebours le mystère de l'incarnation[34].

La culture dominante a perdu le sens du dessein divin et de l'éternité. Rien n'est devenu plus désirable à l'homme que l'objet immédiat, rien ne lui est plus plaisant qu'une satisfaction immédiate et qui pourtant fait naître une insatisfaction latente qu'on nomme souvent « dépression » ou « anxiété ».

Pour réinvestir chrétiennement la contemplation de la nature humaine, il faut d'abord par un acte de foi réintégrer l'homme dans le dessein divin, dans le plan divin de salut, dans l'économie de ce plan[35]. Il faut ensuite accepter humblement le dynamisme de dispensation des dons de Dieu – fondée sur la participation active de l'homme à l'œuvre de salut et sur son humble disposition à recevoir les grâces que Dieu veut lui donner. Il faut enfin contempler l'harmonie de l'homme et du cosmos dont la beauté reflète la beauté divine : l'homme doit prendre soin de la terre, la maison commune, qui est ordonnée au bien du genre humain. La terre et toutes les créatures matérielles participent avec les hommes à révéler la gloire de Dieu.

Dieu n'a pas voulu la finitude de l'homme pour elle-même et ne l'a pas créé en vue de mourir. La mort est seulement le terme de la vie terrestre et d'une condition imparfaite et meurtrie par le péché des origines. Mais cette vie terrestre ne constitue pas un absolu, elle n'a pas en elle-même sa raison d'être. Elle a besoin d'autre chose pour être conçue et pour exister : la vie terrestre est une tension et une destinée vers la vie éternelle.

---

34. Georges Bernanos, *Nous autres Français*, in *Essais et Écrits de combat*, t. I, coll. « Pléiade, 232 », Paris, Gallimard, 1988, p. 673.

35. Grégory Woimbée, « Cette mort n'est pas à la fin », *op. cit.*, p. 5.

Sur ce chemin de l'existence, l'amour de Dieu nous précède. Il nous donne la vie en nous faisant sortir du néant, et nous connaissant de toute éternité, il a un dessein d'amour pour chacun de nous, quels que soient notre état de diminution et nos chutes. Seul le dessein divin réinvestit l'homme de lui-même, seule la promesse de la résurrection accomplie dans la mort et la résurrection du Christ le rend à lui-même avant de le faire entrer dans la vie éternelle en le remettant à Dieu et en permettant l'accomplissement total de la pleine configuration à lui. Lorsque le Jugement mettra fin à l'histoire en plaçant toute chose sous le regard de Dieu, Amour et Vérité, il permettra à l'homme d'entrer dans l'éternité de la présence trinitaire, de vivre cette communion d'amour entre le Père, le Fils et l'Esprit Saint. L'existence se réalise dans le temps, elle s'accomplit dans l'éternité[36].

***

36. *Ibid.*

Conclusion

On a voulu violer, dans la fécondation artificielle, le mystère de la génération. Mais ce mystère demeure entier : comment, de la fusion des gamètes, qui n'étaient que matière organique, qui n'étaient pas « individus », et qui avaient dépendu de l'organisme entier pour leur développement, peut naître une nouvelle cellule, indépendante des facteurs extérieurs, un nouvel être qui a en lui-même la clé de son futur développement ? Une telle puissance dépasse l'entendement : les cellules germinales ne peuvent plus dominer le changement dont elles ont été l'origine. Même les ambitions transhumanistes les plus folles de l'industrie procréatique restent impuissantes à dominer ce changement. Elles s'y emploient pourtant, quand les biologistes créent des modèles embryonnaires humains ou des embryons artificiels. Mais l'embryon humain naturel et créé demeure immaîtrisable par la science.

On cherche par les neurosciences et l'intelligence artificielle, à modéliser la vie de l'esprit pour en percer tous les secrets et en augmenter les capacités, la mémoire notamment. Cependant, simuler une émotion ne reviendra jamais au même que l'éprouver. Quant à la mémoire, la grâce de l'oubli me semble, pour ma part, un trésor salvateur pour la santé mentale et la lutte contre le ressentiment. La conscience que nous avons de nos perceptions, de nos pensées, de nos émotions, de notre vie intérieure, nous les fait éprouver comme indépendants de notre corps et notamment de notre cerveau, contrairement à ce que nous éprouvons lors du fonctionnement d'autres organes comme les muscles dont nous sentons la contraction, ou tout autre organe comme le cœur ou le tube digestif. Nous n'avons aucune connaissance directe de ce qui se passe dans notre propre cerveau lorsque nous pensons et lorsque nous prions[1]. Ce que la conscience a de désarmant, « c'est qu'elle ne semble pas relever du comportement. Elle est, tout simplement, toujours là[2] ».

On veut aujourd'hui, par l'antispécisme, réduire la finalité métaphysique de l'homme à la finalité naturelle et instinctive des animaux, le privant ainsi de sa spécificité qu'est la vie spirituelle, germe de la vie surnaturelle. Les études de genre, quant à elles, privent l'homme de l'expérience du volontaire et de la gratitude en réduisant la nature à être une construction culturelle au lieu d'un don.

Il est évident que le monde matérialiste et athée s'irrite du mystère de la personne humaine. Il bute sur ce mystère qu'il ne parvient pas à percer : sa génération est mystérieuse, sa vie intérieure est mystérieuse, et l'homme lui-même n'est pas si intime à lui-même qu'il puisse avoir une connaissance parfaite de ce qu'il est. Le mystère est coessentiel à la personne humaine. On ne saura jamais tout de la vie humaine : même les plus grands scientifiques s'accordent à le reconnaître.

Faudrait-il s'en exaspérer ? Faudrait-il rejeter cette part de mystère en l'effaçant promptement de nos mémoires ? Ou au contraire consentir à cette énigme silencieuse qui est en nous, de même que la foi repose sur ce consentement au mystère caché qui est en Dieu ?

---

1. Cf. Jean-François Lambert, *Cerveau et conscience : bilan et perspectives*, p. 2, consulté en ligne https://www.cielterrefc.fr/wp-content/uploads/2013/09/lambert.pd.

2. Gerald Edelman, *Biologie de la conscience*, Paris, Odile Jacob, 1992, 448 p.

Les gigantesques désordres de notre temps appellent un sursaut radical de la part de l'homme qui, pour sauver son humanité, doit réapprendre à contempler la personne humaine comme on contemple son créateur. Le consentement à ce qui est inconnu, inexpliqué ou inexplicable par la raison dans la personne humaine doit épouser avec confiance les contours de la vertu théologale de foi : si Dieu ne peut ni se tromper ni nous tromper, c'est qu'il ne s'est pas trompé dans sa création et qu'il ne trompe pas l'homme. La nature humaine est bonne et nécessaire à notre finalité ultime ! Il faut aussi associer à cette démarche de foi les vertus d'espérance et de charité, sachant que Dieu donne toujours la grâce nécessaire aux hommes (vertu d'espérance), et qu'en tout être humain, en particulier dans les plus démunis, on rencontre le Christ lui-même. Contempler humblement la personne humaine est un des éléments de la foi, admettre sa part inexpliquée mais révélée relève de l'espérance chrétienne ; enfin, l'une et l'autre démarches nourrissent un amour toujours plus ardent de la créature pour son Créateur par un accroissement de la charité. Cette humble contemplation de la personne humaine s'accompagne naturellement d'une bienfaisante dynamique de progrès de la connaissance scientifique et anthropologique.

Prenons exemple sur le professeur Jérôme Lejeune[3] quand il relisait les Écritures saintes, notamment la Genèse, à la lumière des données de la science. Avec maîtrise, il a montré combien la science, la raison et la Révélation s'articulent. Il avait saisi que la Vérité ne peut s'opposer à une autre vérité, scientifique par exemple. Ce regard unifié sur la création et sur le vivant témoigne de sa propre unité intérieure. L'intelligence de Jérôme

3. Aude Dugast, *Jérôme Lejeune. Portrait spirituel au fil des vertus*, Paris, Salvator, 2021, 226 p.

Lejeune sur la personne humaine était contemplative et émerveillée : de la contemplation du vivant, il levait spontanément un regard émerveillé vers le créateur. En cela, il semble qu'il avait reçu en large part les dons de la foi, d'intelligence, de sagesse et de science. En tant que généticien, il s'intéressait à la façon dont le créateur se révèle dans les lois de la nature. À son exemple et par son intercession, nous pouvons nourrir nos intelligences et notre foi.

Le trésor de la foi ne dispense pas de la recherche intellectuelle, pas plus qu'il ne l'exclut. Mais la foi ne s'inquiète pas de ne pas tout connaître car elle adhère dans l'obscurité où est plongée la raison. La foi est un ordre de connaissance que la raison humaine ne peut pas atteindre par ses seules forces, mais par lequel, dans une décision libre, Dieu révèle aux hommes le mystère de son salut et son dessein bienveillant pour eux.

Le mystère participe à la pédagogie divine. Il faut cette prudence de Dieu pour que nous soyons capables de le reconnaître et de l'aimer. Consentir au mystère de l'homme participe à la vertu de foi. La part de mystère qui dépasse notre raison dans les choses naturelles est une préparation à la foi surnaturelle : consentir à ce qui est caché dans la personne humaine et qui lui est autant révélé par des intuitions toutes surnaturelles que par les progrès de la connaissance et de la science, est un chemin d'équilibre pour saisir la plénitude de sa nature créée et découvrir ce qui en elle est une trace divine du créateur.

Si nous connaissions par avance les frontières de nos facultés physiques et mentales, les maladies que nous aurons à traverser, les accidents de la vie, les épreuves, ne serions-nous pas remplis d'effroi et de désespoir ? À l'inverse, si nous connaissions par prescience toutes les ressources qui sont en nous, l'étendue de notre intelligence ou de notre force physique, si nous avions la certitude d'une beauté physique ou de la laideur d'un autre, ne serions-nous pas tentés de vouloir dominer notre état de créature? Permettre que certains aspects de notre vie, dans notre corps et dans les circonstances de notre vie, ne nous soient pas connus par avance ou demeurent inintelligibles procèdent de la pédagogie de Dieu.

Donner l'assentiment de notre esprit à ce qui est caché et mystérieux dans la nature humaine est un chemin sûr d'obéissance à Dieu et d'acceptation sereine des limitations de notre être. La faculté de connaissance de l'homme s'accroît à mesure que ce consentement de l'esprit se déploie dans la foi, l'espérance et la charité. Consentir à notre être est une façon de consentir à Dieu.

De manière implicite, la contemplation croyante du mystère de la personne semble donc nécessaire pour saisir toute sa qualité humaine. Elle doit être, étroitement liée à l'adoration de Dieu, une attitude première de l'homme dans l'état de cheminement vers la perfection ultime à laquelle toute personne humaine est destinée.

Donnons donc notre entier assentiment à ce corps et cet esprit qui fondent, de façon coessentielle, la personne humaine dans son cheminement vers son Créateur. La foi apporte un démenti à toutes les idéologies désespérantes qui veulent nier la transcendance de l'homme. La foi procure bien plus à l'homme, bien au-delà de ses ambitions déréglées et de ses rêves les plus fous. Seule la foi réconcilie l'homme avec sa nature en lui apportant la réponse à l'énigme de sa source et de sa finalité. La personne humaine ne peut pas être pleinement accomplie sans entrer en dialogue avec son créateur. Seule la foi contient la promesse de la pleine restauration de l'homme, car Dieu veut donner bien plus à l'homme que ce que promettent toutes les idéologies: il veut pour l'homme, sa créature bien-aimée, la pleine participation à sa divinité.

****

Bibliographie sommaire

Transhumanisme

Pierre-André Taguieff, *L'Eugénisme,* Coll. « Que sais-je ? » n° 4198, Paris, PUF, 2020, 128 p.

Critique de la raison transhumaniste, Paris, éd. du Cerf/ Collège des Bernardins, 2018, 203 p., Actes du colloque, Dominique Folscheid, Anne Lécu, Brice de Malherbe (dir.), « Critique de la raison transhumaniste » du 19 et 20 mai 2017.

Jean-Marie Le Méné, *Les Premières victimes du transhumanisme*, Paris,Pierre-Guillaume de Roux, 2016, 172 p.

Genre

Bérénice Levet, *La Théorie du genre ou le monde rêvé des anges*, Paris, Grasset, 2014, 238 p.

Thibault Collin, « La théorie du genre pour les nuls », in *Le Figaro,* 4 février 2014.

Aude Mirkovic et Claire de Gatellier, *Questionnements de « genre » chez les enfants et les adolescents*, Perpignan, Artège, 2022, 216 p.

Antispécisme

Paul Sugy, *L'Extinction de l'homme : Le projet fou des antispécistes,* Paris, Tallandier, 2021, 201 p.

Rémi Brague, *Le Propre de l'homme. Sur une légitimité menacée,* coll. « Champs Essais », Paris, Flammarion, 2015, 260 p.

Alexia Renard et Virginie Simoneau-Gilbert, *Que veulent les végans ?*, Montréal, éd. Fidès, 2021, 198 p.

Alain Prochiantz, *Singe toi-même*, Paris, Odile Jacob, 2019, 336 p.

Anthropologie chrétienne

Jean-François Braunstein, *La Philosophie devenue folle*, Paris, Grasset, 2018, 400 p.

Joël Hautebert, « Le libéralisme ou l'abandon du bien », *La Nef*, octobre 2015.

Joseph Ratzinger, *La Mort et l'au-delà*, Paris, Fayard, 2005, 311 p.

Romano Guardini, *Les Fins dernières*, Versailles, éd.Saint-Paul, 1999, 140 p.

Fr. Robert Augé, *Le Jardin et la croix*, Le Barroux, éd. Sainte Madeleine, 2021, 132 p.

Réginald Garrigou-Lagrange o.p., *Les Trois âges de la vie intérieure, prélude de celle du Ciel*, Paris, éd. du Cerf, 1938.

Aude Dugast, *Jérôme Lejeune. Portrait spirituel au fil des vertus,* Paris, Salvator, 2021, 224 p.

Mes remerciements les plus chaleureux vont à monsieur Rémi Brague et au P. Robert Augé o.s.b., de l'abbaye du Barroux, qui ont eu la bonté de relire ce manuscrit et de m'offrir leurs conseils avisés ainsi que leurs encouragements.

J'offre avec gratitude mes remerciements posthumes à Mgr Jacques Suaudeau dont l'enseignement dans le cadre de la masterclass Sciences et éthique de la Fondation Jérôme Lejeune a largement contribué à me former sur ces sujets.

Je remercie aussi monsieur Ronan Archier, professeur de philosophie à Marseille et au Centre anthropologique de Provence, qui m'a initiée à la philosophie thomiste.

Je remercie enfin mon mari et mes enfants bien-aimés qui m'ont accompagnée avec patience et bonté dans cette aventure.

Table

PAPIER À BASE DE
FIBRES CERTIFIÉES

hachette s'engage pou
l'environnement en réduisant
l'empreinte carbone de ses livres.
Celle de cet exemplaire est de :
500 g éq. CO_2
Rendez-vous sur
www.hachette-durable.fr

Achevé d'imprimer en septembre 2023, par
La Nouvelle Imprimerie Laballery
58500 Clamecy (Nièvre)
N° d'impression : 307783
Dépôt légal : avril 2023

Imprimé en France